サンエイ新書

実況中継!
大人の
読みなおし
世界史講義

祝田秀全 監修
Iwata Shuzen

はじめに

　ようこそ、世界史劇場へ！

　私たちが世界史を学ぶのは、何のためでしょう？いろんな答があるかと思います。また、あっていいと思います。私が思うに、自分の「今の立ち位置」がどういった流れから出てきたのか。その一端を感じたいため、かもしれません。

　例を挙げてみましょう。高校や大学で勉強する。電車やバスで通勤・通学する。こうした教育や交通システムは、近代社会によってもたらされました。それから喫茶店や自宅でコーヒー・紅茶を嗜む。ラム酒に干しブドウを漬けたラムレーズン入りのアイスクリームなんかもいいですね。実はラム酒は、カリブ海のプランテーション栽培のサトウキビからつくられました。その労働力は黒人奴隷。その後はアジア系移民。サトウキビもチョコレートも、世界史の産物。こういっても過言ではありません。19世紀、世界は流通ネットを起ち上げます。資本主義がそれをリードしました。

　上記のような生産・流通経済の国際システムのルーツは、どこにあるのでしょうか。それはコロンブスがきっかけとなった16世紀。いわゆる大航海時代にあります。香辛料とアメリカ大陸銀と日本銀がグローバリゼーションの牽引力となりました。では、それ以前の世界史は？ヨーロッパとか、アジアとか、地域ごとに分かれて個別

の歴史を描き出していました。それでもシルクロードや十字軍派遣を通じて東西交易も進展しました。このように見ると、私たちの生活や社会というのが、きわめて国際的で、世界史的であることを気づかせてくれます。

　本書は私たちの「いま」がどのような道をたどってつくられてきたのか。その流れを読み取りたいという思いからつくられています。そのために、人類のあけぼのから21世紀の現代までを扱いました。そして、いろんな歴史事項があるなかで、なにが重要なのか。そのことを執筆の柱にしました。難しい歴史書が多いなかで、分かりやすく、だれもが親しめる世界史の本をつくりたい。そういった想いでペンを走らせました。そして今、読んでいる時代、世界はどうなっていたのか、どんなことが起こっていたのかを知るために、要所要所に世界地図を織り交ぜて重要事象を挙げています。

　この本をきっかけに、もっと深く知りたい。もっと学びたい。そんな思いが、読者のみなさんのなかに芽生えてくれたら、私としては、この上ない喜びとなります。

　それでは世界史劇場の扉を開けましょう！

　最後になりましたが、この本を手にしていただいた読者のみなさんに心からお礼を申し上げます。ありがとうございます。

2019年4月吉日

祝田 秀全

『実況中継！大人のよみなおし世界史講義』　目次

はじめに……2

第1章　古代

前700万～前1万年
人類の誕生と拡散……8

前1万～前3000年紀
大河のほとりに花開いた文明……14

前3000～前2000年紀
各地に勃興する王国……24

前10～前5世紀頃
史上初の「帝国」が誕生……36

前5～前3世紀頃
アレクサンドロス大王の遠征で融合する東西世界……46

前3～前1世紀
東西に成立した2つの世界帝国……54

1～2世紀
活発化する東西交易……70

3～4世紀
衰退する東西の世界帝国……76

第2章 中世

4～5世紀
民族の大移動により変化を遂げる世界情勢……86

6～7世紀
イスラーム教の成立と中華世界の再統一……94

8～9世紀
拡大を続けるイスラーム世界……104

9～11世紀
第2次民族移動により激動する世界……116

11～13世紀
活発化するヨーロッパの膨張運動……124

13世紀
世界を凌駕する巨大帝国の誕生……132

14～15世紀
ペストの流行でヨーロッパ世界に訪れた暗黒時代……138

第3章 近代

15～16世紀
大航海時代の幕開け……152

16世紀
ヨーロッパに拡がる宗教改革の波……162

16～17世紀
主権国家体制の確立……170

17～18世紀
外交革命の時代……186

18～19世紀
産業革命と民族運動の時代……200

19世紀
国民主義の発展……216

19～20世紀
帝国主義の台頭……228

第4章　現代

20世紀 ❶
第二次世界大戦の勃発……260

20世紀 ❷
東西冷戦の時代……276

21世紀
多元化する世界とテロの時代……304

さくいん……310
主な参考文献……315

第1章

古代

前700万～前1万年

人類の誕生と拡散

クロマニョン人

スペインのアルタミラ洞窟壁画。旧石器時代に描かれたもので、動物を信仰の対象としていた、狩猟の成功を願ったなどといわれる。

第1章 古代

人類の祖先はいつ、どこで生まれたのか

　地球上にはじつに様々な生物が生息しています。その中にあって、もっとも広範囲に分布している哺乳類（ほにゅうるい）といえば何でしょうか。そうです、我々人間ですね。学名では、ホモ・サピエンスといいます。

　それでは、人間のご先祖様はいったいいつ、どこで誕生したのでしょうか。現在のところ、およそ700万年前にアフリカ中央部に出現した猿人サヘラントロプス・チャデンシスが最古の人類であると考えられています。彼らは他の猿人とは異なり、人間同様、直立二足歩行をしていたと見られています。直立二足歩行は猿と人間を分類する何よりもの特徴であり、この点から、最古の人類である可能性が指摘されたのです。

　ただし、人類の起源については、いまだすべてのことが明らかにされているわけではありません。今後、研究が進む中で、人類の歴史がさらにさかのぼる可能性は充分にあるといえるでしょう。

> **現在考えられている最古の人類は
> サヘラントロプス・チャデンシス**

猿人の進化

　いまからおよそ300万年前、大きな事件が猿人を襲いました。アフリカ大陸の乾燥化です。気候の変動に伴い、アフリカ大陸を覆っていた森林は徐々に枯れ果て、それ

まで食物としていた果実や柔らかい木の実などが採れなくなってしまったのです。

　ここで、彼らは大きく2つの系統に分かれて進化を遂げていきました。頭骨が巨大化した頑丈型猿人、適度な大きさに発達した華奢型猿人です。

　頑丈型猿人は、それまで口にしてこなかった固い木の実や、根茎など繊維質の多い植物を食物として選択しました。固い食べ物を口にするため、歯と顎を発達させていったのです。しかし約140万年前に、彼らは絶滅してしまいました。一方、華奢型猿人が選択したのは、人間以外の動物でした。植物だけでなく、動物の肉を食べられるように進化していったのです。この系統が、現生人類へ続くホモ属へとつながっていきます。

原人の登場

　その後、アフリカ大陸で大いに繁栄した猿人の中から、原人と分類される種が登場しました。約240万年前に出現したホモ・ハビリスや、約180万年前に出現したホモ・エレクトゥスです。やがてホモ・エレクトゥスの一部は、誕生の地であるアフリカを飛び出し、ヨーロッパやアジアへと拡散していきました。この頃、アフリカ大陸では砂漠化が進み、ひとりあたりが得られる食べ物の量は減少の一途をたどったといいます。そこで彼らは、食糧を求めてアフリカ大陸を出たのではないかと考えられています。そして、移動した土地の環境に応じて独自の進化

第1章　古代　　11

を遂げていきました。たとえば、北京原人やジャワ原人などです。かつては現生人類の祖先と考えられたこともありましたが、現在は否定されています。彼らは進化をすることなく、絶滅したと見られています。

旧人と新人の誕生

　約60万年前、アフリカ大陸で現生人類により近い構造を持った旧人と呼ばれる人類が登場しました。彼らの一部もやはりアフリカ大陸を飛び出し、ユーラシア大陸へと渡っていきました。そのうち、約30万年前のヨーロッパで出現したのが、ホモ・ネアンデルターレンシス（ネアンデルタール人）です。脳容量は1300〜1600CCと現生人類とほぼ変わらず、その姿形もそこまで差異はなかったと考えられています。

　そして約20万年前、旧人がヨーロッパからアジアにかけて生息する中、いよいよ新人が登場します。我々と同じホモ・サピエンスです。

　従来は、アフリカで誕生した人類は各大陸に分散して原人、旧人、新人へと連続的に進化を遂げてきたといわれていました。これを多地域連続進化説といいます。しかし1987年、アメリカの生物学者が世界の人々の細胞からミトコンドリアの遺伝子を抽出して解析したところ、

**そのすべての祖先が約20万年前の
アフリカに生きていたひとりの女性にたどり着く**

ということが判明したのです。これにより、新人はアフリカで単一の祖先から生まれ、その子孫が地球上に拡散し、各地の環境に適応して進化を遂げたと考えられるようになりました。これを、

単一起源説

といいます。

　つまり、新人が誕生した頃、まだ世界各地では旧人が生活を営んでいました。両者はしばらく併存していたのです。一部は交配していたという研究成果も発表されています。しかし新人が世界中に拡散していく中で、旧人は絶滅したと見られています。

**旧人が絶滅した理由は「新人との生存競争に敗れた」
「環境の変化に適応できなかった」など諸説ある**

　それでは、アフリカで誕生した新人は、その後、どのようにして世界へと拡散していったのでしょうか。

　約10万年前頃からアフリカ大陸からの小規模な移動があったことが推測されていますが、大規模な移動は約6万〜5万年前のことだとされています。陸地を渡って海を越え、約5万年前にはオーストラリア大陸に到達。約4万年前以前には東アジア、そして日本列島にたどり着いています。その後、約1万5000年前にアラスカを経由してアメリカ大陸へと渡りました。こうして新人は、全世界へと拡散していったのです。

第1章 古代　13

前1万〜前3000年紀

大河のほとりに
花開いた文明

メソポタミア世界では

ティグリス・ユーフラテス川流域にメソポタミア文明が成立。前4000年紀には農耕がはじまり、前3000年頃には多くの都市国家が誕生した。

メソポタミア文明

ティグリス川

ユーフラテス川

エジプト文明

ナイル川

アフリカ世界では

ナイル川流域にエジプト文明が誕生。前4000年頃から灌漑農耕がはじまり、ノモスと呼ばれる都市国家が成立した。

> **時代の概観**
> ・西アジアで農耕・牧畜が開始
> ・大河のほとりに人々が集まって文明が誕生
> ・余剰生産物の蓄積が社会階層を生む

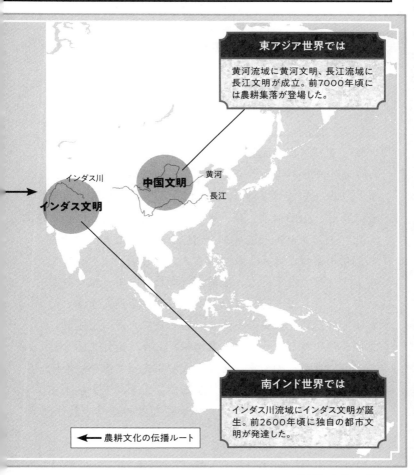

東アジア世界では

黄河流域に黄河文明、長江流域に長江文明が成立。前7000年頃には農耕集落が登場した。

南インド世界では

インダス川流域にインダス文明が誕生。前2600年頃に独自の都市文明が発達した。

第1章 古代　15

農耕・牧畜の開始

　アフリカで誕生した人類が全大陸に拡散した約1万年前頃、氷期が終わって地球は温暖化し、ほぼ現在と同じような気候や自然環境が形成されました。そのような状況下、人々は農耕・牧畜を営むようになります。

　最初に農耕・牧畜が開始されたエリアは、西アジアでした。西アジアは乾燥が強く、砂漠が多い地域ですが、地中海東岸からカスピ海南岸、ザグロス山麓にかけての一帯は降雨量に恵まれていたので、農耕には適していました。上記地域を線で結ぶと三日月のような形になることから、肥沃な三日月地帯とも呼ばれています。

　ティグリス川上流部に位置するイラクのジャルモ遺跡（前7000～前5000年頃）からは、戸数25戸からなる集落跡が発見されています。推定人口は150人ほど。小麦や大麦を栽培し、山羊や羊、豚、牛などの家畜を飼育していました。このジャルモ遺跡が、定住をはじめた人間の最古の農耕村落だと考えられています。同じ頃、東アジアや中央アメリカなどでも、農耕が行なわれるようになりました。こうして、時代はひとつの転換点を迎えます。それまでの狩猟・採集の生活よりも大量に、かつ安定的に食糧を得られるようになった結果、人々は定住生活を営むようになったのです。必然と人が集まって集落が形成され、人口は飛躍的に増加しました。また、麦を加工するための石臼、貯蔵するための容器などの道具の製作、使用がはじまりました。

メソポタミア文明と肥沃な三日月地帯

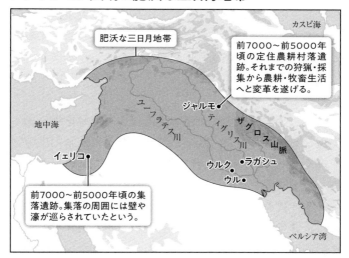

原始的な農耕は、まずメソポタミアの肥沃な三日月地帯ではじめられた。

文明の誕生

　初期の農耕は、自然の雨水に頼った天水農法で行なわれていました。しかし前5000年頃になると、世界的に乾燥化が進み、雨水に期待できなくなってしまいます。そこで人々は水を求めて移動し、大きな川のほとりに集まるようになりました。たとえばメソポタミアではティグリス・ユーフラテス川流域、エジプトではナイル川流域、インドではインダス川流域、中国では黄河や長江流域といった具合です。

　そしてメソポタミアでは、運河をつくって水を計画的に引くという灌漑農法が生み出されました。これにより、

第1章　古代　17

農業生産力は大幅に向上し、より多くの人々を養うことが可能となりました。こうして集落がより大規模なものとなると、今度は集落内で社会階層、つまり支配する者と支配される者という関係が形成されるようになります。収穫した作物を富として蓄えた者が指導者として采配を振るうということです。

　また、余剰生産物の蓄積は集落同士の争いを生み出す原因にもなりました。戦いに勝利した集落が余剰生産物を略奪するとともに敗者を奴隷として酷使するようになったのです。

　一方、農業生産の要となる治水・灌漑事業を維持するには、非常に多くの労働力を必要としました。川から水を引く者、水路を維持・整備する者、水量を調節する者などです。とてもではありませんが、単独の集落だけでは管理することはできません。そこでそれぞれの集落は、統合する方向で動いていきます。つまり、

灌漑農法の発明が都市国家を生み出す原動力となった

ということができます。

　前4000年紀には青銅製の金属器が発明され、また水利システムの管理や収穫した農産物の記録などのために文字が誕生します。こうして徐々に文明形成の諸条件が整っていき、前3000年頃には、ティグリス・ユーフラテス川、ナイル川、黄河・長江、インダス川流域などにそれぞれ独自の文明が形成されていくことになるのです。

メソポタミア文明

　メソポタミア文明を開化させたのは、シュメール人。民族系統不明の人々といわれています。シュメールという名前も、メソポタミア南部の地方名をとって名づけられたものに過ぎません。日本語では、

葦（あし）の多い地方

と訳されます。出土した人骨からは同質性がまったく見られないことから、出自の異なる様々な人種の人々がこの地方に集まり、ひとつの文化圏をつくり上げたのではないかと考えられています。

　前3000年頃になると、彼らはメソポタミア南部にウル、ウルク、ラガシュなど数十にのぼる都市国家をつくり上げました。この時代を初期王朝時代と呼びます。

　都市国家はそれぞれ高い城壁で囲まれ、その中心に守護神を祀る聖なる塔・ジッグラトが建設されました。聖書に登場する「バベルの塔」のモデルになったといわれています。彼らは都市国家を守護神の所有物であると捉え、神の代理人である王が神官の長として政治を司りました。これを、

神権政治

といいます。

　一方、楔形（くさびがた）文字や太陰暦（たいいんれき）、60進法を考案するなど、その文化もかなり優れたものでした。

第1章　古代　　19

古代エジプト文明

　メソポタミアでシュメール人が都市国家を建設していた頃、エジプトではナイル川の流域に都市国家が形成されました。ナイル川は毎年7月から11月にかけて季節的豪雨によって氾濫を起こす暴れ川でしたが、それによって上流部から肥沃な土が運ばれ、良質な農耕地が形成されたためです。

　すでに前5000年頃には流域に村落が形成されていたといいますが、前4000年頃にメソポタミア経由で灌漑農業が伝わり、農業生産力が飛躍的に向上すると、それらの集落に統合の動きが生まれ、ノモスと呼ばれる都市国家が成立します。上流域に22、下流域に20の計42あったといわれています。

　やがてナイル川の治水・灌漑事業を効率的に行なうため、強大な力を有した指導者の存在が求められるようになると、上流域のノモスは上エジプト王国、下流域のノモスは下エジプト王国へと統合され、前3000年頃には上エジプト王国が下エジプト王国を併合する形で統一国家が成立しました。

　エジプト王国でも神権政治が展開され、王はファラオ（大きな家）と呼ばれました。メソポタミアでは王はあくまでも神の代理人に過ぎませんでしたが、

ファラオは神の化身

であったところに大きな違いがあります。

また、エジプトでも文字が考案されています。象形文字であるヒエログリフ（神聖文字）、神に仕える神官が使用するヒエラティック（神官文字）、簡略化されて日常的に用いられたデモティック（民用文字）です。それらの文字を書くために、パピルスと呼ばれる紙も発明されました。パピルスという草を切って縦横に組み、それを叩いて薄く伸ばしたものです。のちにヨーロッパに伝わり、英語の「paper（紙）」の語源となりました。一年を365日とする太陽暦が生み出されたのも、この頃のことです。

古代中国文明

　古代中国文明も、黄河、長江という大河の流域で発展しました。古代中国ではおよそ1万年以上前に農業が行なわれるようになったと見られていますが、最初の農耕集落が出現したのは、前7000年前後のことです。

　四季の温度差が激しく、夏に集中的な雨に見舞われる黄河流域では乾燥に強い粟や黍を、温帯に属する長江流域では稲を栽培しました。前5000年頃になると、黄河流域には仰韶文化が成立します。発掘調査の結果、色彩豊かな彩文土器を製作していたこと、竪穴式住居に住んでいたことなどがわかっています。

　その後、前3000年紀後半には竜山文化が出現。城壁をいただく大規模な集落が誕生し、その頂点に君臨する首長が周辺の小集落を従属させる社会が現出されました。

　一方、長江流域では前5000年頃に河姆渡文化が稲作農

第1章　古代　　21

耕で発展。前3300年頃には、良渚文化が起こりました。遺跡からは玉器を副葬した墳丘墓が発見されており、竜山文化同様、首長を頂点とする階層社会が成立したのではないかと見られています。

黄河流域では粟や黍、長江流域では稲作が発展

インダス文明

　これまで見てきた文明よりも少し遅れて成立したのが、インダス文明です。前2600年頃、インダス川流域に勃興しました。かつては遊牧民アーリヤ人がインダス川流域に定住した前1500年頃が古代インド文明の開始時期だと見られていましたが、モエンジョ・ダーロ（死者の丘という意味）、ハラッパーという古代遺跡の発掘により、それ以前から高度な文明が発展していたことがわかったのです。

　モエンジョ・ダーロは、城塞に囲まれた地区と市街地区とで構成されていました。市街地全体は煉瓦で舗装された道路が碁盤目状に張り巡らされ、しかも排水設備まで完備されていたというから驚きです。ただし城や宮殿跡は見つかっておらず、商業都市だったのではないかとも見られています。

　また、遺跡からは現在も解読されていない400種近い象形文字（インダス文字）や、ヒンドゥー教の主神の一柱・シヴァ神の原型と思われる図像や雄牛が刻まれた印章な

ども見つかっています。このことから、インダス文明は現在のインド文化の源流をなすものであると考えられています。

一方、ハラッパーはモエンジョ・ダーロから約650キロ離れた場所に位置していますが、こちらも煉瓦造りの整然とした計画都市であったことがわかっています。

このインダス文明の担い手となったのはアーリヤ人侵入以前に住んでいたドラヴィダ人だといわれており、最盛期にはじつに4万人近くも住んでいたと見られています。

しかしインダス文明は、前1800年頃には衰退し、滅亡してしまいました。その理由について、砂漠化、洪水説など諸説唱えられていますが、真相は不明です。

インダス川下流域に築かれたモエンジョ・ダーロ。1920年代に発掘され、古代インド史を大きく塗り替えた。

前3000～前2000年紀

各地に勃興する王国

ヨーロッパ世界では

前30世紀、クレタ島を中心としてエーゲ文明が誕生。前12世紀、海の民の襲来とドーリア人の南下により滅亡。

ギリシア人の一派。前12世紀、バルカン半島北部から南下を開始。

ドーリア人

滅ぼす

ヒッタイト

エーゲ文明

バビロン第一王朝
↓
カッシート王国
ミタンニ王国

海の民

民族系統不明の一族。前12世紀頃、ヒッタイトを滅ぼす。

古代エジプト王国

前15世紀、シリアの領有を巡って激突。

アフリカ世界では

前3000年頃に古代エジプト王国が成立。前12世紀頃、海の民の台頭により衰退。

時代の概観

- メソポタミアでは都市国家間の争いが激化
- ヨーロッパで古代文明・エーゲ文明が誕生
- 古代中国に王朝が成立

南アジア世界では

前1800年頃にインダス文明が衰退。代わって前1500年頃、遊牧民のアーリヤ人がインダス川流域に定住をはじめる。

東アジア世界では

古代中国では前1550年頃に殷王朝が誕生。30代約500年にわたって存続した。

殷

アーリヤ人

西アジア世界では

メソポタミアでは前19世紀にバビロン第一王朝が興るが、前1530年頃、小アジアのヒッタイトに滅ぼされる。その後、北部にミタンニ王国、南部にカッシート王国が樹立。

第1章 古代　25

都市国家間の覇権争い

アフリカで誕生し、世界中に拡散した人間はそれぞれの自然環境に適応しながら、独自の文明を築き上げていきました。社会集団の規模は徐々に拡大し、都市国家が誕生します。ここまでの流れは大丈夫ですね。やがて、大きい都市国家は小さい都市国家を支配下に置いて勢力を拡大し、また、大きい都市国家同士でも領土を巡る争いが繰り広げられることになります。こうして世界は、都市国家間の覇権争いの時代に突入していきます。

メソポタミアを制したバビロン第一王朝

とくに勢力争いが顕著に起こったのが、メソポタミアでした。

メソポタミア南部ではシュメール人が築いた都市国家群が大規模な灌漑農業や交易などによって大いに発展を遂げていましたが、同じ頃、メソポタミア北部ではセム語系の遊牧民アッカド人が徐々に勢力を伸長しつつありました。そして前24世紀、アッカド王朝を開いたサルゴン1世（在位：前2340〜前2284年）が侵攻を開始し、シュメール人の都市国家を次々と征服。メソポタミア全土を統一した最初の王となりました。

メソポタミア全土をはじめて統一したのはサルゴン1世

しかし、アッカド王朝の栄華も1世紀ほどしか続きませんでした。その後、再びシュメール人が復権し、ウル

を中心としてウル第三王朝を開きます。ですが、これも
また長続きはせず、前3000年紀末、セム語系の遊牧民ア
ムル人の侵入によって滅ぼされてしまいました。

その後、メソポタミアでは強大な力をもった王国は誕
生せず、しばらく混乱期が続きますが、前19世紀、アム
ル人がユーフラテス河畔に位置するバビロンを首都とし、
バビロン第一王朝を築きます。そして前18世紀、第6代
ハンムラビ王（在位：前1792頃〜前1750年頃）の時代にメソ
ポタミア全土を統一。土地制度、家族制度、商業取引、
婚姻など全282条からなるハンムラビ法典を制定し、中
央集権体制を現出しました。

さて、ハンムラビ法典の名前は有名ですね。

「目には目を、歯には歯を」

という復讐法の文言をよく覚えておられる方もたくさん
いらっしゃるでしょう。ただ誤解されがちなのですが、
この法は誰にでも平等に適用されるわけではありません
でした。あくまでも同じ身分の者同士の間でのみ適用さ
れていたのです。また、同じ罪を犯しても、被害者が奴
隷であれば罰金刑、貴族であれば死刑といった具合に、
身分で処罰が異なるという特徴もありました。

繁栄を極めたバビロン第一王朝でしたが、前1530年頃、
小アジアの東南部を根拠地とするインド・ヨーロッパ語
族のヒッタイト王国が鉄製の武器と馬にひかせた戦車と
いう圧倒的な軍事力を擁して攻め込んでくると、これに

太刀打ちできずに滅ぼされてしまいました。

　ところがヒッタイトはメソポタミアを支配することなく、本拠へと戻っていきます。こうしてメソポタミアは誰も治める者がいない空白地帯となりましたが、やがてメソポタミア南部はインド・ヨーロッパ語族と推定されるカッシート人が統一してカッシート王国を樹立。北部は同じくフルリ人がミタンニ王国を興しました。

古代オリエント世界の変遷

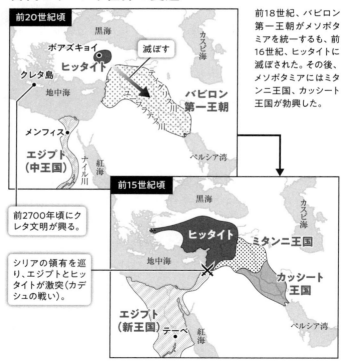

前18世紀、バビロン第一王朝がメソポタミアを統一するも、前16世紀、ヒッタイトに滅ぼされた。その後、メソポタミアにはミタンニ王国、カッシート王国が勃興した。

前2700年頃にクレタ文明が興る。

シリアの領有を巡り、エジプトとヒッタイトが激突（カデシュの戦い）。

古代エジプト王国の栄華

　広大な平野が続き、諸民族の往来が激しかったメソポタミアに対して、砂漠と海に囲まれた古代エジプトでは異民族の侵入はほぼなく、エジプト語系の人々による王朝の交代が繰り返されました。前3000年頃に統一国家・古代エジプト王国が樹立して以降、およそ2300年にわたって26を数える王朝が勃興します。そのうち、隆盛を極めた時代を指して、

> **古王国（第3〜第6王朝）、中王国（第11、12王朝）、**
> **新王国（第18〜第20王朝）**

と大きく3つに区分されます。

　古王国は、前27世紀頃からナイル川下流域のメンフィスを首都として栄えました。古王国時代の中でも、第4王朝期は巨大なピラミッドの建設が行なわれたため、「ピラミッド時代」とも呼ばれます。ファラオは太陽神ラーの子として神格化されていましたから、その崇拝の現われとしてファラオのミイラを納めるピラミッドがつくられたわけです。

　ナイル川西岸のギザにあるクフ王、カフラー王、メンカウラー王の「三大ピラミッド」はことに有名でしょう。

　その後、前21世紀から前18世紀に登場した第11、第12王朝期（中王国時代）に、首都はテーベへと移ります。しかし前1670年頃、栄華を誇った古代エジプト王国に危機が訪れます。ユーフラテス川上流のシリアから遊牧民集

第1章　古代　29

団ヒクソスが侵入し、馬と戦車をもってナイルデルタ地帯を占領してしまったのです。その後、しばらくヒクソスが支配する時代が続きますが、これにより、エジプトに武器としての馬と戦車がもたらされました。

このヒクソスを撃退し、エジプトに再び秩序をもたらしたのが、テーベに新たに興った第17王朝でした。前17世紀のことで、ここから新王国時代がはじまります。第18王朝のトトメス３世（在位：前1479頃〜前1425年頃）の時代には、馬と戦車を用いて海外遠征を開始。北はシリア、南はナイル川上流のヌビアまでを制圧し、最大版図を現出しました。

エジプト対ヒッタイト

ここで一度状況を整理しておきましょう。前15世紀頃、メソポタミアでは北部にミタンニ王国、南部にカッシート王国、小アジアではヒッタイト王国が強勢を誇り、そしてエジプトでは新王国時代を迎えていました。４国が覇を競い合いながら共存していたわけです。そうした状況下、ヒッタイトはミタンニ王国を征服して勢力を伸長。シリアの領有を巡り、エジプトと激突しました。

エジプトとメソポタミアの中継地であり、地中海への出入り口でもあったシリアは海陸交通の要衝として古来、交易が盛んに行なわれていた商業地でした。交易による利益は莫大なものであり、簡単に譲ることはできません。そして前1274年頃、カデシュの戦いが勃発しました。

エジプト軍を率いたのは、史上最大のファラオとして名高いラメス２世（在位：前1279頃～前1213年頃）です。ラメス２世は２万もの兵を率いてヒッタイトとの戦いに臨みましたが、ヒッタイト軍の奇襲にあって苦戦。結局、戦いは両者痛み分けに終わり、和睦のための平和条約が締結されました。これは、

現在確認されている史上最古の国際条約

だといわれています。

　このときが古代エジプト王国のピークとなりました。前12世紀頃、東地中海世界に海の民と呼ばれる民族系統不明の謎の勢力が侵入すると、古代エジプト王国の勢威は衰退の一途をたどりました。また海の民により、ヒッタイト王国も滅ぼされました。同じ頃、カッシート王国もイラン高原南西部に根拠を置いた民族系統不明のエラム人により、滅ぼされています。

海の民侵入後の地中海情勢

　海の民の来襲によって、地中海東岸のシリア、パレスチナ地方は政治的空白地帯となりました。それに乗じて活動を活発化させたのが、ここを原住地としていたセム語系の民族アラム人、フェニキア人、ヘブライ人でした。

　アラム人は、ダマスクスを拠点とした陸上交易で繁栄を遂げました。とくに彼らが用いていたアラム文字は交易を通じて広く伝えられ、のちヘブライ文字やアラビア

第１章　古代　　31

文字などの原型となりました。

　陸上交易で活躍するアラム人に対し、海の道を押さえたのがフェニキア人です。彼らは東地中海沿岸にシドンやティルス、ビブロスといった都市を建設。また前９世紀には北アフリカにカルタゴという植民都市を建設するなど、海上交易で勢力を拡大させていきました。また、フェニキア文字はのちギリシア人に伝播し、

アルファベット

が生み出されることになります。

　ヘブライ人がパレスチナに定住したのは前15世紀頃のことだといいます。一部の者はエジプトへ移住しました。しかしエジプトで、彼らはファラオに迫害されてしまいます。堪りかねた彼らは前13世紀、預言者モーセに率いられてパレスチナへ帰還しました。この出来事を、

出エジプト

といいます。その後、諸部族が統合し、前11世紀、ヘブライ（イスラエル）王国が樹立しました。２代ダヴィデ王（在位：前1000頃〜前960年頃）と３代ソロモン王（在位：前960頃〜前922年頃）の時代に最盛期を迎えます。

エーゲ文明の誕生

　ここまで小アジアからメソポタミア、そしてエジプトと、いわゆる古代オリエント世界における文明の歴史を

総覧してきました。この影響を受けて、ヨーロッパでも古代文明が成立することになります。前30世紀から前11世紀頃にかけてエーゲ海域に繁栄したエーゲ文明です。地中海に接していたことから、ヨーロッパ世界でいち早く文明を享受することになったのです。

その中心となったのは、エーゲ海に浮かぶクレタ島でした（クレタ文明）。発掘調査の結果、クノッソスをはじめ島内の各地に宮殿が築かれていたことがわかりましたが、いずれも城壁を持たないことから、比較的平和な時

前12世紀頃の地中海世界

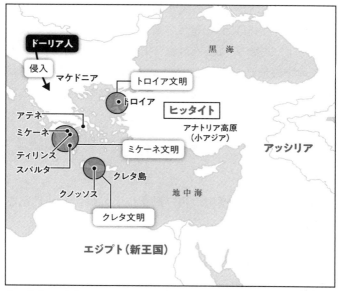

前30世紀頃、古代オリエント世界の影響を受けてエーゲ海にもエーゲ文明が興るが、前12世紀、ドーリア人の侵入によって滅ぼされた。

第1章 古代　33

代が続いていたと見られています。また、小アジアの西岸には、トロイア（トロヤ）文明も興りました。ハインリヒ・シュリーマン（1822〜90年）というドイツ人が財を投げ打って遺跡を発掘したことでも知られています。

やがて前20世紀頃になると、ギリシア人が北方から南下し、ペロポネソス半島を中心としてミケーネ文明を形成します。彼らはミケーネやティリンスといった都市国家を築くと、やがてエーゲ海へと進出。前15世紀にはクレタ島に侵入し、前13世紀頃にはトロイアにまで進出しました。

しかし前12世紀、海の民が地中海東岸に襲来したとき、バルカン半島北部から遅れて南下してきたギリシア人の一派・ドーリア人に滅ぼされてしまいます。ドーリア人は各地で破壊活動を行ない、エーゲ海域は大混乱に陥りました。その後のギリシア世界は、記録がほとんど残っていないことから、

暗黒時代

とも呼ばれます。

古代ギリシアの歴史が再び動き出すのは、前8世紀を待たねばなりません。

古代中国に成立した王朝

ここで、東アジア世界に目を転じてみましょう。古代オリエント世界で多くの王国が勃興する中、古代中国で

も王朝が成立しました。

　現在のところ、中国最古の王朝として考えられているのは、

殷王朝（いん）

です。

　一方、殷王朝以前に夏王朝（か）が存在していたとする説もあります。この夏王朝の実在を巡り、長らく議論が交わされてきましたが、1959年以降、河南省偃師市（かなん えんし）の二里頭遺跡（にりとう）から殷王朝時代よりも古い年代の青銅器が多数発見されたことから、中国の考古学会は夏を実在した王朝であると推測しています。

　『史記』や『竹書紀年』などの古い史書によると、夏王朝は17代400年にわたって勃興したといいます。ですが17代桀王（けつ）が暴君であり、圧政を敷いたために人臣の心が離れ、最後は方伯（諸侯の長）として仕えていた殷の湯（とう）（天乙）（てんいつ）に殺害されました。

　こうして夏王朝を滅ぼした湯は前1550年頃、諸侯に推戴される形で天子の位につき、殷王朝を創始しました（『史記』による）。その後、殷王朝は30代約500年にわたって栄華を謳歌します。

　とくに19代盤庚（ばんこう）から30代紂王（ちゅう）までが都としていた安陽（殷墟）からは食器や武器といった精巧な青銅器や甲骨文字などが見つかっており、かなり高度な文明を築いていたことがわかっています。

第1章　古代　　35

前10～前5世紀頃

史上初の「帝国」が誕生

ヨーロッパ世界では

前8世紀頃、古代ギリシアに都市国家（ポリス）が誕生。アテネでは民主政が発達した。

古代ギリシア

前7世紀に全オリエントを統一も、前612年に滅亡。

アッシリア帝国

4王国分立時代

アケメネス朝ペルシア

アッシリアの滅亡後、旧帝国領にエジプト、リディア、新バビロニア、メディアという4つの王国が分立。

前6世紀、オリエントの再統一を達成。

オリエント世界では

前7世紀、アッシリア帝国がエジプト、シリア、メソポタミアを征服して史上初の帝国を建設。その後、4王国分立時代を経て、前6世紀、アケメネス朝ペルシアがエジプトからインダス川流域に及ぶ大帝国を現出した。またこの頃にユダヤ教が確立。

> **時代の概観**
>
> ・アッシリア帝国が全オリエントを統一
> ・ユダヤ教・仏教・ジャイナ教が成立
> ・古代中国では春秋・戦国時代の乱世に突入

東アジア世界では

前1050年頃、殷が滅亡し、周が勃興。その後、前8世紀、周の権威失墜に伴い、諸侯が相争う春秋・戦国時代（前770〜前221年）へと突入した。

周
↓
春秋・戦国時代

コーサラ国

マガダ国

南アジア世界では

前7世紀頃、ガンジス川流域にマガダ国やコーサラ国などの都市国家が成立する。前5世紀頃、仏教、ジャイナ教が成立。

第1章 古代　37

史上初の世界帝国の誕生

　各地で王国が勃興し、覇権争いが繰り広げられる中、前7世紀頃になると史上初の帝国が建設されることになります。ティグリス川上流域を拠点としたアッシリア帝国です。

　セム語系のアッシリア人は、もともと内陸中継貿易で栄えた商業民族でした。前15世紀頃には一時、ミタンニ王国に服属するという憂き目にあいますが、前12世紀、海の民の侵入（→P31）で東地中海世界が混乱の渦に巻き込まれる中、勢力を拡大。前9世紀頃から鉄製の武器や戦車、騎兵などの軍事力をもってメソポタミアの他民族を圧倒するようになり、前7世紀、アッシュール・バニパル王（在位：前668〜前627年）の時代にエジプトを征服し、全オリエントの統一を達成したのです。その領土は、エジプトからアナトリア、シリア、メソポタミアにまで及びました。首都はニネヴェです。

　領土が広域に及ぶと、当然すべての地域に王の目が行き届かなくなります。そこでアッシリアは、広大な領土を属州に分け、各地に総督と呼ばれる配下を派遣して統治にあたらせました。そして首都と属州の連絡をスムーズに行なうため、駅伝制を整備したのです。1日分の行路ごとに人や馬を常備した駅を設置し、駅から駅へと情報が伝えられるというシステムです。

　ここに、専制的な王を頂点とする強力な中央集権体制が確立されました。

アッシリア帝国とアケメネス朝の版図

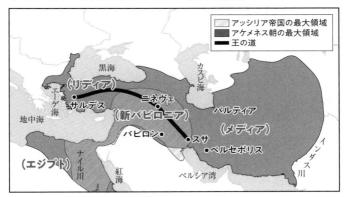

前7世紀、アッシリア帝国が初めて全オリエントを統一。その後に勃興したアケメネス朝はさらに版図を拡げ、東はインダス川、西はエーゲ海に至る大帝国を現出した。

　アッシリアの支配は非常に過酷なものでした。支配下に置かれた人々は重税を課せられたばかりか、反抗的な諸民族は無理やりアッシリア本国へと強制移住させられて重労働を強いられたのです。

　徐々にアッシリアに対する反発が強まり、メソポタミア各地で反乱が続発。前612年にアッシリアは崩壊し、帝国領には、

エジプト、リディア、新バビロニア、メディア

という4つの王国が分立しました。

　この分裂状態を収めたのは、インド・ヨーロッパ語族系のペルシア人でした。前550年、メディアの支配下にあったアケメネス家のキュロス2世（在位：前559〜前530年）

がメディアを倒してアケメネス朝ペルシアを興すと、前547年にリディアを、前539年に新バビロニアを征服。そしてカンビュセス２世（在位：前529〜前522年）時代の前525年にエジプトを征服し、全オリエントの再統一を果たしたのです。その領域はアッシリア時代を凌駕し、

東はインダス川、西はエーゲ海北岸

に至る巨大な大帝国が現出されました。

　これだけの大領土ですから、やはり王単独で統治するのは不可能ですね。そこで３代ダレイオス１世（在位：前522〜前486年）の時代にサトラップ制という制度が設けられました。全土を20の州に分け、それぞれの地に知事（サトラップ）を派遣して統治させたのです。さらに王の道と呼ばれる国道を敷設して駅伝制を整備しました。その距離はじつに2500キロ。１日に320キロ離れた場所に情報を伝えることができたといいます。こうして強固な支配体制を整えたアケメネス朝は、およそ200年間にわたってオリエント世界に君臨することになります。

アテネではじまった民主政

　この頃、ようやく古代ギリシア世界の歴史の歯車が再び動き出しました。前８世紀、エーゲ海一帯に分立していた先住のギリシア人が集住（シノイキスモス）をはじめ、都市国家（ポリス）を形成していったのです。ポリスは城壁で囲まれ、中央のアクロポリス（丘）には、都市の

守護神を祀る神殿が建てられ、その麓に広がるアゴラ（広場）は集会場や市場として賑わいを見せました。また、市民にはクレーロス（農耕用の占有地）が与えられました。こうしたポリスはじつに1000以上も存在していたといいますが、狭い半島であっただけに、やがてクレーロスが不足するという事態に陥ります。そこで彼らは、

海外に植民地を建設して土地を増やす

という方法をとり、ビザンティオン（現・イスタンブル）やネアポリス（現・ナポリ）、マッサリア（現・マルセイユ）、シラクサなどの植民都市を建設しました。この植民活動により、ギリシア人の行動範囲もぐんと広がります。本土と植民都市の間では貿易が盛んに行なわれるようになり、ギリシアからはオリーブ油や葡萄酒、陶器などが輸出され、植民都市からは主に穀物が輸入されました。

　この交易活動を通じてとくに繁栄を極めたのがアテネです。当初、アテネでは貴族政が敷かれていましたが、やがて貿易で財を蓄えた富裕平民が登場すると、その経済力を背景に政治への参画を要求するようになります。こうして平民たちの発言力は徐々に強まっていき、民主政が発展していきました。ただし、政治に加わることができたのは、

自分で武器を調達できた富裕な平民層のみ

でした。当時は国防を担ってはじめてポリスの運営に口

第1章　古代　　41

出しすることができたのです。

イェルサレムでユダヤ教が成立

　オリエント世界にアッシリア、アケメネス朝という2つの巨大な帝国が誕生した頃、ひとつの宗教が誕生しました。ユダヤ教です。

　前11世紀、ヘブライ王国は3代ソロモン王の時代に最盛期を迎え、イェルサレムには唯一神ヤハウェに祈りを捧げるための神殿も築かれました。

　しかし前10世紀、王国は2つに分裂してしまいます。北部にイスラエル王国、南部にユダ王国です。そして前722年にイスラエル王国はアッシリアに、前586年にユダ王国は新バビロニアに滅ぼされてしまいました。このとき、新バビロニアの王・ネブカドネザル2世（在位：前604〜前562年）は、ヘブライ人を首都バビロンへと強制連行し、捕虜としました。これをバビロン捕囚といいます。

　捕虜としてバビロンで暮らすことになったヘブライ人でしたが、新バビロニアが捕囚の民は国別に1か所に集めるという政策を打ち出していたため、共同体を組織しながら民族意識を保ち続けることができました。そこには自分たちの神に祈る神殿はありませんでしたが、預言者や祭司らは神殿がなくても安息日に神を賛美し、神の言葉を黙想するために集まることができると働きかけました。同胞に希望を見出させようとしたわけですね。こうして、捕囚されたバビロンの地で、のちにユダヤ教と

呼ばれる新しい宗教生活の形式が発展していきました。

前538年、新バビロニアを滅ぼしたアケメネス朝のキュロス2世が捕囚されていたヘブライ人を解放。イェルサレムへの帰還を望んだヘブライ人グループは、前515年に神殿を再建すると、祭儀の法典化や祭司職の体系化、律法のための学校の制度化などを行ないました。こうして今日ユダヤ教と呼ばれる宗教が確立したのです。

一方、律法主義派のヘブライ人はバビロンなどに残って聖書の作成に取り組みました。

ユダヤ教の主な特徴は以下の通りです。

- 唯一神ヤハウェを信仰する一神教
- 神との契約を交わしたヘブライ人のみ救われる
  （選民思想）
- 救世主(メシア)の出現の待望
- 偶像崇拝の禁止

古代インドでは仏教とジャイナ教が成立

インダス文明衰退後の前1500年頃、インド・ヨーロッパ語族のアーリヤ人が鉄製の武器を手にインド北部に侵入しました。彼らはインダス川中流域のパンジャーブ地方に定住。前1000年頃にはガンジス川流域に移動し、農耕・牧畜の生活を開始しました。農耕は太陽や雨など自然の恵みがあって初めて成り立つものですから、彼らは自然の中に神の姿を見出し、神への賛歌『リグ・ヴェー

第1章 古代　43

ダ』を編纂しました。

　この頃、現代のインド社会に通じる社会制度・カースト制の原型が成立します。バラモン（神官）を頂点とし、クシャトリヤ（軍人・貴族）、ヴァイシャ（商工業者・庶民）、シュードラ（奴隷）の４つのヴァルナ（種姓）からなる身分階層が生まれたのです。身分は世襲制。人々は生まれたときから、上下関係を強制されることになりました。

　前７世紀頃になると、ガンジス川流域の開発が進んで商工業が発展し、コーサラ国やマガダ国など様々な都市国家が生まれることになります。

　そうした中、戦いの中心を担ったクシャトリヤ層や、商工業の発展で力を蓄えたヴァイシャ層からバラモン層の権威に対する不満の声が上がります。そして、従来のバラモンの教えではなく、新たな信仰を求める動きが起こるようになりました。この声に応えたのが仏教とジャイナ教でした。どちらもヴァルナの制度を否定し、一般人でも修行を積めば魂が救済される（解脱）というところに特徴があります。

　仏教の開祖はガウタマ・シッダールタ（前563頃〜前483年頃。諸説あり）。彼は、八正道、すなわち８つの修行を行なえば、人間は「生・病・老・死」という４つの苦しみから逃れることができると説きました。この教えは、主にクシャトリヤ層の信仰を集めました。

　一方、ジャイナ教の創始者はヴァルダマーナ（前549頃〜前477年頃）です。彼は徹底した不殺生主義と苦行の大

44

切さを唱えました。こちらは主にヴァイシャ層に信仰されます。戦いを生業とするクシャトリヤ層に受け入れられなかったのは当然といえるでしょう。

古代中国では乱世へ突入

30代約500年にわたって続いた殷王朝でしたが、最後の紂王が暴君であったために、前1050年頃、殷王朝三公のひとり・西伯昌の子であった姫発に滅ぼされてしまいます。その後、姫発は武王として即位し、周王朝を興しました。都は現在の西安あたりの鎬京（宗周）です。2代成王の時代には、幼帝を補佐した周公旦によって封建制が確立しました。これは、同族や功臣を諸侯として各地に配し、領土と住民を統治させるという地方行政システムのことです。諸侯は土地から上がる収益を得ることができましたが、一方で軍役と貢納という義務を負いました。

こうして周王朝は磐石な支配体制を築きましたが、12代幽王が悪政を敷いたことから人心は離れ、前771年に殺害されてしまいます。前770年、幽王の子の宜臼が平王として即位しましたが、すでに周王朝の権威は失墜していました。こうして時代は、各地に封じられた諸侯が覇を競って争う春秋・戦国時代へと突入していくこととなります。前403年には斉、楚、秦、燕、韓、魏、趙、いわゆる戦国の七雄が割拠し、強い者が権勢を握る下剋上の時代が訪れました。

第1章 古代　45

前5～前3世紀頃

アレクサンドロス大王の遠征で融合する東西世界

ヨーロッパ世界では

前500年、アケメネス朝ペルシアの支配に対してギリシア人植民市が反乱を起こす（ペルシア戦争）。アテネを中心とするギリシア軍がアケメネス朝軍を撃破。

前4世紀のアレクサンドロス大王の東方遠征により東西世界の融合が進む。

マケドニア

古代ギリシア

ペルシア戦争（前500～前449年）。

アケメネス朝ペルシア

オリエント世界では

前330年、マケドニアのアレクサンドロス大王がアケメネス朝を滅ぼす。ギリシアとオリエント文化が融合し、ヘレニズム文化が誕生。

時代の概観

- アレクサンドロス大王が広大な大帝国を現出
- インド初の統一王朝・マウリヤ朝が成立
- 始皇帝が中国を統一

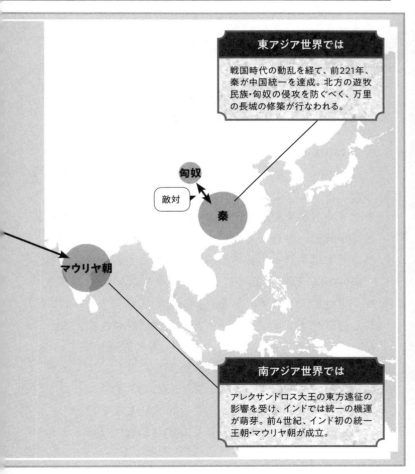

東アジア世界では

戦国時代の動乱を経て、前221年、秦が中国統一を達成。北方の遊牧民族・匈奴の侵攻を防ぐべく、万里の長城の修築が行なわれる。

匈奴

敵対

秦

マウリヤ朝

南アジア世界では

アレクサンドロス大王の東方遠征の影響を受け、インドでは統一の機運が萌芽。前4世紀、インド初の統一王朝・マウリヤ朝が成立。

第1章 古代

ペルシア戦争の勃発

　全オリエントを統一し、絶大なる権勢を誇ったアケメ
ネス朝ペルシアでしたが、前500年、その支配に反発し、
小アジアのギリシア人植民都市・ミレトスで大規模な反
乱が起きました。反乱軍はアテネの加勢を得て勢いづき
ます。領内の支配体制を揺るがす一大事に対し、アケメ
ネス朝のダレイオス1世はただちに鎮圧を命じました。
ペルシア戦争の勃発です。これは、

> **オリエント世界とヨーロッパ世界とが**
> **初めて激突した戦い**

でもありました。

　前492年、アケメネス朝軍の第1回遠征が敢行されま
した。ギリシア北部のトラキアを制圧し、意気を揚げた
アケメネス朝軍でしたが、このときは暴風雨に見舞われ、
艦隊が難破。やむなく撤退を余儀なくされました。第1
ラウンドはギリシア側の不戦勝に終わったわけです。

　前490年、態勢を立て直したアケメネス朝軍が再びギ
リシアへ侵攻します。第2ラウンドの開始です。これに
対してアテネではアケメネス朝への徹底抗戦を決めまし
た。そしてマラトンでアケメネス朝軍と対峙します（マ
ラトンの戦い）。アケメネス朝軍約2万に対し、アテネ軍
は約1万。戦力的には不利を強いられたアテネでしたが、
見事アケメネス朝軍を退けることに成功しました。

　その後もアケメネス朝とギリシアとの戦いは続きまし

たが、前480年、ペルシア戦争の天王山となったサラミスの海戦が勃発します。このとき、アテネの将軍テミストクレス（前524頃〜前460年頃）は当時の最新鋭の軍船・三段櫂船トライレムをはじめ200隻以上の軍船を擁してアケメネス朝軍とぶつかり、見事これを撃破しました。

この勝利により、アテネにはじつに大きな変革が起こることになります。それは、

民主政の完成

です。アテネで民主政が発展したとはいえども、じつは誰もが政治に参加できるわけではなかった。自分で武器を調達でき、国防を担える富裕な平民層のみに参政権が与えられていたわけです。無産市民、ようは財産がなく、武器を自分で調達できない身分の人たちはかやの外に置かれていたんですね。しかし、サラミスの海戦では成年男子が総動員され、無産市民たちも軍船の漕ぎ手として戦いに参加することができたのです。こうして彼らの中に自覚が芽生えていきます。自分たちも戦争に貢献したのだから、政治に参加してもよいのではないか、と。そして、18歳以上の男子であれば誰でも政治に口出しできる民会という議会が生まれ、直接民主政が完成したのでした。ただし、当時は女性の参加は認められませんでした。その後、前479年のプラタイアの戦い、ミカレ岬の戦いでもギリシア側がアケメネス朝軍を退け、アケメネス朝はエーゲ海域から手を引くことになりました。

ペルシア戦争の勃発

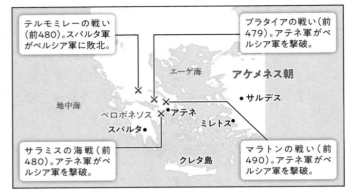

ミレトスの反乱を契機として、アケメネス朝ペルシアとアテネ・スパルタなどギリシア諸都市が激突（ペルシア戦争）。ギリシア諸都市がアケメネス朝の勢力をエーゲ海から追い出すことに成功した。

ポリス間の抗争の時代に突入

しかし、ギリシアにおける混乱はまだ続くことになります。前478年、アケメネス朝の再度の侵攻に備え、ギリシアではアテネを盟主としたデロス同盟が結成されます。ところが、アテネの軍司令官ペリクレス（前495頃～前429年）が各ポリスの供出した同盟資金を横領し、アテネにパルテノン神殿を建設する資金として使ってしまいます。また、武力で他のポリスを抑圧し、帝国と呼ばれるほどの存在へと発展を遂げていきました。

さすがに、他のポリスもアテネの行き過ぎた横暴を見過ごすことはできませんでした。そこでスパルタを中心とするペロポネソス同盟が、アテネに対抗したのです。こうして前431年、ギリシアの覇権を賭け、ペロポネソ

ス戦争が勃発しました。これを契機とし、ギリシアでは
ポリス間の戦争の時代へと突入していきます。戦いに
よって多くの市民が命を落とし、またペストの蔓延によ
り、ポリスは荒廃の一途をたどりました。

アレクサンドロス大王の登場

　この混乱するギリシア情勢を収拾したのは、ギリシア
人の一派で北方に拠を築いていたマケドニアでした。時
のフィリッポス2世（在位：前359〜前336年）はギリシア
全土の諸ポリス（スパルタを除く）を糾合してコリントス
同盟を結ばせると、自らはその盟主として君臨。憎きア
ケメネス朝の征服をもくろみました。ですが、前336年
に暗殺されてしまいます。

　その遺志は、子のアレクサンドロス3世（大王。在位：
前336〜前323年）へと受け継がれました。前334年、アレ
クサンドロスはアケメネス朝への報復を大義に掲げ、マ
ケドニア・ギリシア連合軍を率いて東方遠征を開始。ア
レクサンドロス軍の勢いはすさまじく、前330年にはア
ケメネス朝を滅ぼします。さらにこの遠征を通して東は
インダス川、西はエジプトに至る広大な大帝国を築き上
げたのでした。

　アレクサンドロスは各地にギリシア風の都市を建設し、
軍事・交易の拠点としました。その数は約70にのぼり、
アレクサンドリアと名づけられました。またペルシア人
との融和を図るため、アケメネス朝の支配体制をそのま

第1章　古代　　51

アレクサンドロス帝国の最大版図

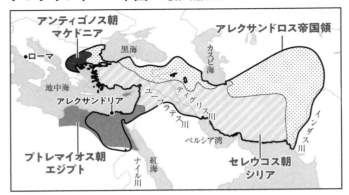

アレクサンドロス大王はエジプトからインダス川に至る広大な領土を築き上げたが、死後、領内は3分割され、セレウコス朝シリア、プトレマイオス朝エジプト、アンティゴノス朝マケドニアの3国が成立した。

ま継承し、異民族間の婚礼も奨励しました。こうしてギリシアとオリエントという東西文化の融合を積極的に推し進めた結果、ヘレニズム文化が誕生します。そして世界市民主義（コスモポリタニズム）という新たな思想が生まれ、それまでのポリス中心の考え方から、

すべての人間は国家社会に服属するものではなく平等

という個人主義の考え方が広まっていったのです。

東西世界の融合という史上初の大偉業を成し遂げたアレクサンドロスでしたが、前323年、東方遠征からの帰路、バビロンで亡くなってしまいます。アレクサンドロスは急激に領土を拡張したため、支配機構は確立されておらず、死後、王位を巡って後継者争いが勃発。前３世紀前

半には帝国は3分割され、ギリシアにアンティゴノス朝マケドニア、西アジアにセレウコス朝シリア、エジプトにプトレマイオス朝エジプトが誕生しました。

東方遠征とインド統一の関係

さて、アレクサンドロスの東方遠征は、インドにも大きな影響を与えることになります。アケメネス朝を滅ぼしたあと、アレクサンドロスは西北インドにまで侵攻しました。これにより、インダス川流域に多くのギリシア系政権が成立。インドは大混乱に陥り、ギリシア人に対抗するにはインド全域を統一する必要があるという機運が芽生えていきます。このとき、インドではマガダ国の王朝・ナンダ朝がガンジス川流域に勃興していましたが、すでにその勢力は衰退の一途をたどっていました。そこで前4世紀末、チャンドラグプタ（在位：前317～前296年頃）が立ち上がってナンダ朝を滅ぼし、またインダス川流域からギリシア人勢力を追い出し、インド初の統一王朝・マウリヤ朝を創始しました。

始皇帝による中華統一

アレクサンドロスが東方遠征を行なっていた頃、古代中国では戦国の七雄が覇を競い合う戦国時代に突入しました。やがてこれらの国から、政（在位：前247～前210年）という王をいただいた秦が他国を圧して台頭。前221年、秦は史上はじめて中国を統一しました。

第1章 古代　53

前3〜前1世紀

東西に成立した 2つの世界帝国

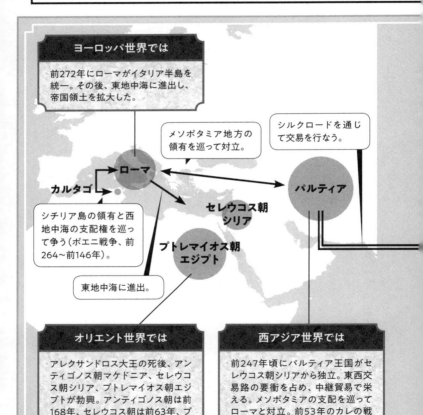

ヨーロッパ世界では

前272年にローマがイタリア半島を統一。その後、東地中海に進出し、帝国領土を拡大した。

メソポタミア地方の領有を巡って対立。

シルクロードを通じて交易を行なう。

ローマ

カルタゴ

シチリア島の領有と西地中海の支配権を巡って争う(ポエニ戦争、前264〜前146年)。

セレウコス朝シリア

パルティア

プトレマイオス朝エジプト

東地中海に進出。

オリエント世界では

アレクサンドロス大王の死後、アンティゴノス朝マケドニア、セレウコス朝シリア、プトレマイオス朝エジプトが勃興。アンティゴノス朝は前168年、セレウコス朝は前63年、プトレマイオス朝は前30年にローマに滅ぼされる。

西アジア世界では

前247年頃にパルティア王国がセレウコス朝シリアから独立。東西交易路の要衝を占め、中継貿易で栄える。メソポタミアの支配を巡ってローマと対立。前53年のカレの戦いではクラッススを破り、ローマ軍を退けた。

時代の概観

- ヨーロッパではローマ帝国が誕生
- プトレマイオス朝エジプトが滅亡
- 中国では前漢帝国が誕生

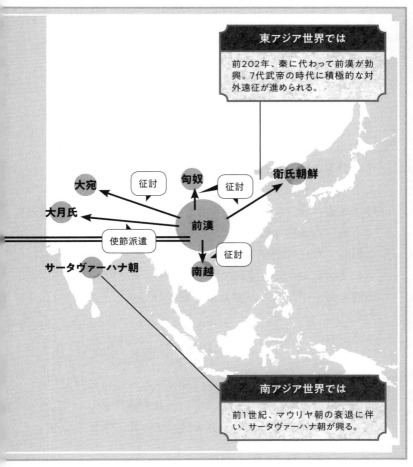

東アジア世界では

前202年、秦に代わって前漢が勃興。7代武帝の時代に積極的な対外遠征が進められる。

南アジア世界では

前1世紀、マウリヤ朝の衰退に伴い、サータヴァーハナ朝が興る。

第1章 古代

ローマの誕生

　前3世紀になると、奇しくも東西両世界で強大な力を持った帝国がほぼ同時期に誕生することになります。

ローマ帝国と漢帝国

です。

　両帝国は、シルクロードや海の道を通じて大きく結びつきました。アレクサンドロス大王時代に進められた東西世界の融合がさらに加速化していくわけです。

　いったいどのようにして2つの世界帝国は誕生したのか。まずはローマ帝国の歴史について見ていきましょう。

　イタリア半島の中央部に位置するローマは、前753年、インド・ヨーロッパ語族の一派・ラテン人により建国されました。前616年には一時エトルリア王国の支配を受けますが、前509年にエトルリア人の王を追放し、ローマ市民による共和政をスタートさせました。

　当時、ローマの実権を握っていたのは、300人の貴族議員で構成された元老院です。しかし、やがて貴族政に不満を持つ平民たちが参政権を要求して立ち上がりました。これを、

身分闘争

といいます。アテネのときと同様ですね。これに対して貴族らは妥協し、前5世紀、平民出身の護民官という官職と平民による平民会の設置を認めました。護民官は平

民会から10名が選出され、元老院の決定を拒むことができる権利が与えられました。

　前367年にはリキニウス・セクスティウス法が成立し、今度はコンスル（執政官）のひとりは必ず平民から選ぶことという取り決めがなされました。これにより、平民はほぼすべての公職に就くことができるようになります。そして前287年に成立したホルテンシウス法により、平民会の議決が元老院の認可を経ずして国法となることが定められました。ここに、

平民と貴族の政治的身分は平等

となり、身分闘争の時代に一応の幕が下ろされることになります。ただし、これは完全な平等というわけではありませんでした。平民の中でも参政権を得ることができたのは富裕層のみで、下層の市民が政治に参加することはできなかったのです。そのうち、富裕な平民から貴族の仲間入りを果たす者が現われるようになり、彼らはノビレス（新貴族）と呼ばれるようになりました。結局、貴族が政治の実権を握るという体制に何ら変わりはなかったのでした。

地中海の覇者として君臨するローマ

　その後、ローマは前272年にイタリア半島の統一を達成しました。そして征服した都市を植民市（ローマと対等で投票権のある市民権を与えられる）、自由市（市民権は与えら

第1章　古代　　57

れ、自治は認められるが、投票権を持たない）、同盟市（市民権を与えられず、軍役を課せられる）という3つの都市に分け、統治を行ないました。これを、

分割統治

といいます。

　こうして強大な勢力を誇るようになったローマでしたが、今度は食糧を巡る問題に直面することになります。当時のイタリア半島では小麦があまり採れなかったためです。

　そこでローマが目をつけたのが、当時カルタゴ（現・チュニジア）の支配下にあったシチリア島でした。ここを確保することで食糧問題を解決しようとしたのです。

　こうして前264年、カルタゴとの間にポエニ戦争が勃発しました（～前146年）。この戦争に勝利を収めたローマは初の海外領土（属州）を獲得し、これを皮切りに次々と対外戦略を進めていきました。前1世紀前半までにマケドニア、ギリシアなどを征服し、地中海の覇者として君臨しました。

中小農民の没落

　しかし属州拡大の一方で、皮肉なことにローマの対外発展の担い手である重装歩兵部隊を構成する中小農民の没落が顕著になっていきました。戦争の連続で耕すことのできなかった農地は荒れ果て、さらには属州から輸入

される安価な穀物にも対抗できなかったためです。

　ローマでは、こうした市場競争に負けてしまい、土地を失って没落する農民（無産市民）が続出。そして彼らの多くは都市へと流れ込んでいきました。

　そんな彼らを積極的に支援したのは、都市の有力者でした。いったいなぜでしょうか。それは、

無産市民がローマ市民権、
すなわち民会における投票権を持っていたため

です。そこで彼らの支持を取り込むため、都市の有力者はいわゆる「パンと見世物」を提供し、公然と買収活動を行なったのです。ちなみに、パンは食糧、見世物は剣闘士奴隷の試合のことです。

　一方、有力者層はローマが戦争で獲得した公有地を占有したり、没落した中小農民の農地を購入したりして所有地を拡大すると、戦争で捕虜となった奴隷をそこで働かせて大規模な農業経営を行ないました。これを、

ラティフンディア

といいます。主にオリーブやブドウなどの作物が栽培されました。

　こうしてローマ国内では、貧富の差がどんどん広がっていきました。また中小農民の没落は彼らが中核を担っていた重装歩兵の解体を意味しましたから、ローマは経済的にも軍事的にも危機を迎えることになりました。

第1章　古代　　59

グラックス兄弟の改革

　やがてローマ国内では改革を求める声が上がるように
なります。その先陣を切ったのは、ティベリウス・グラッ
クス（前162～前132年）、ガイウス・グラックス（前153～前
121年）の兄弟でした。前133年、彼らはローマ市民軍の
再建をもくろみ、大地主が占有している公有地面積の制
限に乗り出しました。有力者から土地の一部を取り上げ、
それを無産市民に分配しようとしたのです。つまり、

**無産市民を農業で再び自立させることで、
重装歩兵体制を復活させようとした。**

　しかし、有力者はこれに反対します。俺たちの財産は
渡さないぞと。そしてなんと、ティベリウスを殺害して
しまうのです。残された弟は前122年、兄の遺志を受け
継いで再び改革に着手しましたが、やはり有力者の反対
にあい、自殺に追い込まれてしまいました。

三頭政治の開始

　混迷窮まるローマ情勢ですが、これを治めたのは将軍
と呼ばれる人々でした。彼らは戦争捕虜を売って得た収
益で無産市民を兵士として雇い、私的な軍団を形成して
いきます。これまでの市民軍団に代わって職業軍人、つ
まりプロの軍団が生み出されたわけです。そして兵士は
将軍に軍事的な奉仕を行ない、将軍は兵士に土地を与え
て生活を保障するという、のちの封建制に通ずる関係性

が生み出されていきました。

　この頃、ローマの混乱に乗じて各地で反乱が勃発しますが、兵士を持たない元老院ではこの事態に対処することができませんでした。そこで将軍に反乱の鎮圧を要請することになりますが、これによって将軍は発言権をさらに強めていき、やがて元老院の議員に名を連ねるようになります。そうした状況下の前60年頃、クラッスス（前115〜前53年）、ポンペイウス（前106〜前48年）、カエサル（前100〜前44年）という3人の将軍が元老院を抑え、権力を握る時代が到来しました。これを三頭政治といいます。

第1回三頭政治を主導したのは　カエサル、クラッスス、ポンペイウス

　このうち、クラッススはオリエントのパルティアに遠征した際に戦死。ポンペイウスは元老院と手を組んでカエサルの打倒を企てますが、前48年、ガリア遠征から戻ってきたカエサルによって滅ぼされてしまいます。こうしてローマでは、カエサルによる独裁政権が樹立しました。カエサルはディクタトル（独裁官）とインペラトル（最高軍司令官）という称号を手にし、事実上の皇帝として全ローマに君臨したのです。

　ですが、カエサルの権勢は長くは続かず、その最期は唐突に訪れることになります。カエサルの独裁に不満を抱く元老院共和派の人々により、暗殺されてしまったのです。前44年3月15日のことでした。暗殺者の中には、

第1章　古代　　61

カエサルの愛人の子であるといわれ、腹心のひとりでもあったマルクス・ブルートゥス（前85～前42年）もいました。カエサルはその姿を認めると、一切の抵抗をやめて運命に身を任せたといいます。

第2回三頭政治の開始

　カエサルの死後、ローマの実権を握ったのはカエサルの部下アントニウス（前83～前30年）とレピドゥス（前90頃～前13年頃）、カエサルの養子オクタウィアヌス（前63～14年頃）の３人でした。彼らはいらぬ争いを避けるため、ローマを分担して支配することにしました。アントニウスはエジプト、ギリシア、小アジア、レピドゥスはアフリカ、オクタウィアヌスはローマを含むヨーロッパです。これを第２回三頭政治といいます。

> **第2回三頭政治を主導したのは
> アントニウス、レピドゥス、オクタウィアヌス**

　ただ、レピドゥスという将軍は軍事的能力はあっても政治的能力がなく、前36年、オクタウィアヌスとの対立の末に失脚させられてしまいます。こうしてローマでは、必然とオクタウィアヌス対アントニウスという対立構造ができあがりました。

プトレマイオス朝エジプトとクレオパトラ

　このとき、アントニウスと連合を組んでいたのは、プ

前1世紀のローマ帝国領土

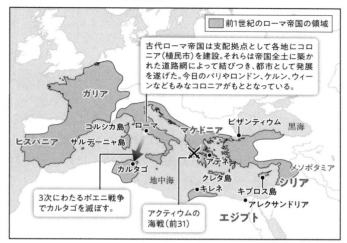

イタリア半島に勃興した都市国家ローマは時代を経るごとに拡大を遂げ、前1世紀には地中海世界を統一するまでに伸張した。

トレマイオス朝エジプトの女王、クレオパトラ7世（在位：前51〜前30年）でした。

プトレマイオス朝はアレクサンドロス大王の死後、エジプトに誕生した王国でしたね。前304年に成立して以降、首都アレクサンドリアを中心として栄華を誇り、アテネに代わってヘレニズム文化の担い手として発展しました。

クレオパトラが即位したのは、王朝末期時代の前51年のことです。弟プトレマイオス13世（在位：前51〜前47年）との共同統治でした。

しかしまもなく2人は仲違いし、生命の危険を感じた

クレオパトラはシリアへと逃亡します。そして王位を取り戻すべく、またプトレマイオス朝の安泰のためにカエサルにその身を捧げました。

　前47年、カエサルがエジプトに侵攻し、プトレマイオス13世を倒すと、クレオパトラは無事王位に返り咲きました。ところが前44年、庇護者のカエサルが暗殺されてしまいます。折しも、カエサルとの間に産まれた3歳のカエサリオンがプトレマイオス15世として即位したばかりであり、クレオパトラは新たな後ろ盾を得る必要に迫られます。そこで彼女が目をつけたのが、アントニウスでした。

　さて、しばしばクレオパトラは世界三大美人のひとりに数えられますが、ギリシアの歴史家プルタルコス（46頃～120年頃）は彼女の容姿を

「必ずしも比類のないというものでもなく、
見る人々を深く捉えるというほどのものではなかった」

としています。

　では彼女の何がカエサル、アントニウスの心を捉えたのでしょう。それは、声と知性です。彼女の言葉はまるで小鳥がさえずるかのような甘美さが漂い、かつ不思議な説得力があったといいます。加えて通訳を介すことなく、ギリシア語やエジプト語など複数の言語を操ることができた。そのような才媛ぶりに、2人は深く惹きつけられたのでした。

プトレマイオス朝の滅亡

　前31年、オクタウィアヌスとアントニウスの因縁の対立は、いよいよ決着の時を迎えようとしていました。アクティウムの海戦の勃発です。戦力的にはアントニウス・クレオパトラ連合軍のほうが上でしたが、戦闘中、クレオパトラはアントニウスを見限って戦線を離脱。これを見たアントニウスも慌ててアレクサンドリアへと逃げ帰りましたが、もはやこれまでと自害を遂げます。クレオパトラもまた、毒蛇に身をかませて自殺したと伝わります。こうしてプトレマイオス朝は滅亡しました。また、長らく続いたローマの内乱の時代も終わりを迎え、勝利を収めたオクタウィアヌスは元老院から前28年にプリンケプス（第一人者）、前27年にアウグストゥス（尊厳者）の称号を贈られ、事実上の皇帝として君臨しました。ここに、帝政ローマの歴史がはじまることになります。

古代中国では漢帝国が誕生

　さて、今度はローマ帝国と同時期に東アジアに誕生した漢帝国の歴史を見ていきましょう。

　史上初めて中華世界を統一したのは秦でしたが、その治世は始皇帝の死とともに終焉を迎えることになります。

　前210年、始皇帝の死後、末子・胡亥が2世皇帝として即位しました。しかし実権は宦官・趙高が握り、胡亥は操り人形のごとく、悪政を敷きます。次第に秦国内で怨嗟の声が渦巻き、前209年、大規模な農民反乱、陳

第1章　古代　　65

勝<ruby>勝<rt>しょう</rt></ruby>・呉広の乱が勃発しました。この反乱に呼応し、各地で反秦勢力が勃興。前206年、秦は滅亡しました。

　その後、楚の将軍・項燕<ruby>項燕<rt>こうえん</rt></ruby>の血を引く項羽（前232～前202年）と農民出身の劉邦<ruby>劉邦<rt>りゅうほう</rt></ruby>（在位：前202～前195年）が覇を競い合いますが（楚漢戦争）、前202年、垓下<ruby>垓下<rt>がいか</rt></ruby>の戦いで

劉邦が項羽を破って高祖として即位。漢帝国を樹立

しました。

　都を長安に定めた高祖は、楚漢戦争に功績のあった諸将を王に封じて諸国を支配させるとともに（封建制）、それ以外の土地を直轄地として郡県制を敷きました。封建制と郡県制を併用したこの制度を郡国制といいます。

　しかし、諸王には与えられた封地における徴税や貨幣の鋳造、産物の製造・販売といった権利が与えられていたため、必然とその勢力は増大化していきました。中央政府が地方勢力を制御できないといった状態に陥ってしまうのです。皇帝を中心とした強力な中央集権国家を築くには、どうしても諸王の力を削ぐ必要がありました。

　そこで6代景帝<ruby>景帝<rt>けい</rt></ruby>（在位：前157～前141年）の時代に諸王の封地削減政策が行なわれるようになります。些細な罪を理由として諸王の封地を削り取り、皇帝の直轄地を次々と増やしていったのです。そうした状況下の前154年、ついに諸王が漢帝国に対して反乱を起こしました。呉楚七国<ruby>呉楚七国<rt>ごそしちこく</rt></ruby>の乱の勃発です。この反乱は、皇帝軍によってわずか3か月で鎮圧されました。事変後、景帝は中央か

ら諸国に相（丞相）を派遣して統治するという中央集権体制を敷きました。諸王の統治権は失われ、彼らはただ租税を受け取るだけの存在へと成り果てました。

武帝の時代に現出された最大版図

前141年、皇帝による中央集権を強めた景帝が没すると、その跡を継いで武帝（在位：前141〜前87年）が即位しました。この武帝の時代に、漢帝国は全盛期を迎えることになります。

武帝にとっての最大の宿願は、帝国の版図拡大にありました。しかし、それを阻む勢力が北方に跋扈していました。遊牧民の匈奴です。

高祖以来、漢帝国では匈奴に対して和親政策をとってきました。ですが、その実態は貢ぎ物や帝室の女性を贈るなど、漢帝国がまるで匈奴に服属しているかのようなものでした。それが武帝にとっては我慢ならなかった。かくして、武帝は武力をもって匈奴を討伐する決意を固めるのです。

武帝は愛妾・衛子夫（のち衛皇后）の弟・衛青（？〜前106年）や、その甥・霍去病（前140〜前117年）などの将軍に命じ、連年のように匈奴征討を繰り返しました。前127年には秦朝末期から匈奴に占領されていた河南の地（オルドス地方）を奪還して朔方郡を置き、前121年には河西地方を漢帝国の勢力下に収め、敦煌郡など河西4郡を置くことに成功しています。結局、匈奴を滅ぼすことは

第1章　古代　　67

武帝時代の前漢領域（前2世紀後半）

前漢帝国は武帝（在位：前141〜前87）の時代に最大版図を現出した。一方で、北方の匈奴とは争いを繰り返した。

叶いませんでしたが、前60年頃には匈奴をモンゴル高原の東匈奴と西アジアの西匈奴に分裂させることに成功しています。のち西匈奴は滅亡。東匈奴は1世紀頃、南北に分裂（北匈奴、南匈奴）し、北匈奴は漢帝国と南匈奴に滅ぼされました。

各地に勢力を伸長する漢帝国

　匈奴征討に関連して、前139年頃、武帝は商人出身の張騫（？〜前114年）という人物を中央アジアに勃興していた大月氏国へ派遣しました。同盟を結び、匈奴を挟撃するためです。

　月氏は春秋時代から戦国時代にかけてモンゴル高原西方に拠点を置いていた遊牧民族でしたが、前2世紀頃、匈奴に追われて西へ逃れ、大月氏国を建国したという歴史を持っていました。武帝は匈奴に恨みを持つ大月氏国であればきっと協力してくれるに違いないと考えたわけですが、残念ながら同盟は成立しませんでした。彼らは肥沃で外敵の少ない地での生活に満足していたのです。

　こうして張騫は目的を果たせずに帰国を余儀なくされますが、一方で、張騫の遠征により、西域の事情が初めて漢帝国にもたらされました。このときの足跡が、

のちのシルクロード（絹の道）開通の契機となった

といわれています。

　北方で匈奴と対峙する一方、武帝は南、東、西への遠征を敢行します。前111年には南方の南越を滅ぼし、交趾郡（現在のハノイ付近）、日南郡（現在のフエ付近）など南海9郡を設置します。また前108年には朝鮮半島北部に勃興していた衛氏朝鮮を滅ぼし、楽浪郡など朝鮮4郡を設置。さらに前102年にはフェルガナ地方の大宛を征服し、漢帝国の領土は最大規模となりました。

1~2世紀

活発化する東西交易

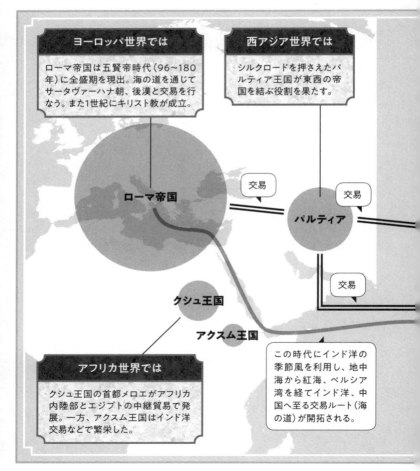

ヨーロッパ世界では

ローマ帝国は五賢帝時代（96～180年）に全盛期を現出。海の道を通じてサータヴァーハナ朝、後漢と交易を行なう。また1世紀にキリスト教が成立。

西アジア世界では

シルクロードを押さえたパルティア王国が東西の帝国を結ぶ役割を果たす。

交易

交易

ローマ帝国

パルティア

交易

クシュ王国

アクスム王国

アフリカ世界では

クシュ王国の首都メロエがアフリカ内陸部とエジプトの中継貿易で発展。一方、アクスム王国はインド洋交易などで繁栄した。

この時代にインド洋の季節風を利用し、地中海から紅海、ペルシア湾を経てインド洋、中国へ至る交易ルート（海の道）が開拓される。

時代の概観

- ローマは五賢帝時代に全盛期を現出
- 東西世界が交易によって結びつけられる
- キリスト教が成立

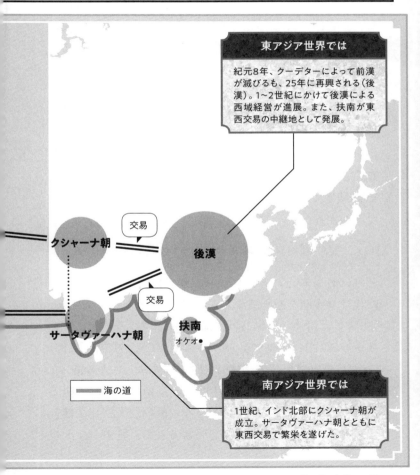

東アジア世界では

紀元8年、クーデターによって前漢が滅びるも、25年に再興される（後漢）。1〜2世紀にかけて後漢による西域経営が進展。また、扶南が東西交易の中継地として発展。

南アジア世界では

1世紀、インド北部にクシャーナ朝が成立。サータヴァーハナ朝とともに東西交易で繁栄を遂げた。

オクタウィアヌスによる独裁

　東西世界に勃興したローマ帝国と漢帝国ですが、1〜2世紀にかけて、両国ともに繁栄期を迎えます。統治は安定し、それに伴って東西交易が活発化しました。

　さて、前27年にアウグストゥスという称号を獲得し、ローマ帝国に君臨したオクタウィアヌスは自らを市民の中の第一人者、プリンケプス（元首）と称し、あくまでも元老院議員の筆頭として政治を司るという立場を取りました。これを元首政といいます。しかしオクタウィアヌスは軍隊の指揮権や官職の任命権、はては属州統治の権限に至るまでを掌中に収め、事実上の独裁者として政治を行なっていきました。以降、共和政は復活することなく、皇帝独裁の時代が続いていきます。これよりおよそ200年間は泰平の世が続き、空前の繁栄がもたらされたことから、

「パクス・ロマーナ（ローマの平和）」

と呼ばれました。とくに、96年から180年の間の五賢帝時代に全盛期を迎えます。五賢帝とは、ネルウァ帝（在位：96〜98年）、トラヤヌス帝（在位：98〜117年）、ハドリアヌス帝（在位：117〜138年）、アントニヌス・ピウス帝（在位：138〜161年）、マルクス・アウレリウス・アントニヌス帝（在位：161〜180年）のこと。この時代、皇帝の地位は世襲ではなく、元老院議員の中でもとくに優れた人物を後継者に指定する形で受け継がれていきました。歴史上、王の

後継を巡って凄惨な争いが繰り広げられたり、暗愚な子が即位して国をダメにしてしまうケースは枚挙に暇ありませんね。しかしローマはそれを避けることで、政治の安定を生み出していったわけです。

栄華を誇る漢帝国

　一方、7代武帝の時代に最盛期を迎えた漢帝国でしたが、前87年に武帝が崩御すると、外戚や宦官が実権を握るようになり、国内は乱れることになりました。紀元8年には、外戚の王莽（在位：8〜23年）がクーデターで帝位を簒奪して新を建国。漢帝国は一時途絶えるという憂き目にあいますが、25年、光武帝（在位：25〜57年）が王室を再興、各地の反乱勢力を平定して再び中国を統一しました（後漢）。その後、4代和帝（在位：88〜105年）の時代に、後漢はシルクロードを押さえて隆盛を極めます。班超（32〜102年）という人物を西域都護に任ずると、再び中央アジアにその勢力を伸長しました。また、この頃に宦官・蔡倫によって紙が発明されています。

交易でつながる東西の世界帝国

　こうして東西世界が結びつくお膳立てが徐々に整っていきました。ローマ帝国では、五賢帝時代にアジア諸国との交易が盛んとなります。このときに活躍したのが、エジプトやギリシアを拠点とした地中海東岸の商人たちでした。彼らは季節風を利用して船で紅海からインド洋

へ向かい、当時、南インドに栄えていたサータヴァーハ
ナ朝と交易を行ないました。これを、

季節風（モンスーン）貿易

といいます。陸路においても、シルクロードを通じて東
西の交易が頻繁に行なわれるようになりました。このと
き、ローマと後漢の間に位置し、中継貿易で栄えたのが
北インドのクシャーナ朝、西アジアのパルティア王国で
す。国際交流が盛んとなった結果、クシャーナ朝にヘレ
ニズム文化の彫像や技術が伝わり、ガンダーラ様式と呼
ばれる仏像彫刻が生み出されました。

　しかし後漢の和帝は、直接ローマと交易することを望
むようになります。この和帝の命を受けた班超は97年、
部下の甘英をローマに向けて派遣しました。ですが、甘
英はローマにはたどり着くことができず、シリア付近で
引き返さざるを得ませんでした。パルティア王国が妨害
したためだといわれています。

　一方、166年、ローマ側も後漢に向けて使者を派遣し
ました。『後漢書』によると、大秦国王・安敦（ローマ皇
帝マルクス・アウレリウス・アントニヌス）の使いが日南郡
に来航しました。当時、ローマはパルティア王国と激し
く対立していたため、海の道を通じて後漢との交易を行
なうようになったというわけです。

　このとき、１〜２世紀頃に東南アジアのメコン川流域
に成立した扶南が海上交易の拠点として利用され、大い

に発展しました。実際、外港のオケオ遺跡からはローマ
の金貨や後漢の鏡などが出土しています。

キリスト教の成立

　世界三大宗教のひとつ、キリスト教が誕生したのも、
この時代のことでした。

　29年頃、ローマの属州だったパレスチナでイエスが宣
教活動を開始しました。彼は12人の弟子（十二使徒）と
ともに民衆に教えを説き、やがて民衆の支持を集めるよ
うになりました。しかし、イエスはユダヤ教指導者層か
らの恨みを買うようになってしまいます。当時のユダヤ
社会では神から与えられた律法（規律）に縛られており、
それに反することは許されませんでしたが、イエスは律
法を形式的に守るのではなく、神を信じる思いを強く持
つことこそが大切だと教えたためです。そのため、イエ
スは大衆を惑わす危険な存在だと見なされました。また、
ローマ帝国を刺激し、やがてはパレスチナを滅ぼしてし
まうとも考えられたため、30年頃、イエスは群集を反ロー
マ運動へと扇動したという罪で捕らえられ、ゴルゴダの
丘で処刑されました。

　その後、十字架上で流されたイエスの血によって人類
がこれまでに犯してきた罪が贖われたとする信仰が生
まれ、「イエスはキリスト（救世主）」と見なすキリスト
教が成立。弟子のペトロやパウロらの布教活動によって、
キリスト教はローマ帝国全土に広まりました。

3～4世紀

衰退する
東西の世界帝国

ヨーロッパ世界では

3世紀、ローマ帝国は軍人皇帝時代
（235～284年）と呼ばれる混乱期
に突入。395年にはついに東西に
分裂。

西ローマ帝国

東ローマ帝国

対立

サ サン朝

侵攻

分裂

西アジア世界では

3世紀、パルティアに代わってササン朝が勃興。東で
はクシャーナ朝を滅ぼし、西ではローマ帝国領へと
侵攻した。またこの時代に、ゾロアスター教やキリス
ト教、仏教などを融合したマニ教が成立。しかしゾ
ロアスター教の司祭らの弾圧でササン朝から締め出
され、地中海世界や唐代の中国へと伝播した。

時代の概観

- キリスト教がローマ帝国の国教になる
- ローマ帝国が東西に分裂
- 後漢帝国が滅亡

東アジア世界では

220年、後漢は豪族の台頭や宦官の専横などによって崩壊。魏、呉、蜀が争う三国時代に突入するが、280年、晋が中国統一を果たす。

クシャーナ朝

グプタ朝

三国時代
↓
晋

南アジア世界では

4世紀、クシャーナ朝の衰退に伴ってグプタ朝が勃興する。しかし王朝の直轄領以外の領土はそれまでその地域を支配していた地方の諸侯に臣従を誓わせて統治を行なわせた。

ローマ帝国の衰退

　3世紀に入ると、東西世界に勃興した2つの世界帝国、ローマ帝国と後漢帝国が両国とも存亡の危機を迎えることになります。

　ローマ帝国の最盛期を現出したのは五賢帝が治めた時代でしたが、最後のマルクス・アウレリウス・アントニヌス帝の治世末期には交易による金貨の流出、パルティア王国との戦い、北方のゲルマン民族の侵入などにより、すでに国力に陰りが見えはじめていました。その動きがより顕著となったのは3世紀前半のこと。軍人が皇帝を擁立する軍人皇帝時代（235～284年）に突入すると、わずか50年の間になんと26人もの皇帝が即位し、社会は混乱を極めます。ウァレリアヌス帝（在位：253～260年）の時代には東で国境を接するササン朝ペルシアの侵攻にあい、皇帝が捕虜となるという憂き目にあいました。この時代は属州が増えないために奴隷を得られず、ラティフンディアが停滞。かつ対外戦争が絶えないために社会的不安が増大し、人々の心には暗い影が立ち込めました。そうした中、人々が救いを求めて信仰したのが、キリスト教です。軍人皇帝時代という暗黒期が、キリスト教の拡大にひと役買ったということもできるでしょう。

　ローマ帝国が混迷する中、284年に即位したディオクレティアヌス帝（在位：284～305年）は専制君主政（ドミナートゥス）を確立し、国内の混乱の収束を図りました。官僚制の整備や軍隊の強化を行ない、さらには四帝分治制

を敷いたのです。四帝分治制とは、

> **帝国の広大な領土を四分し、**
> **2人の正帝と2人の副帝で統治する**

というものです。ひとりでは統治はできないと悟ったわけですね。ディオクレティアヌス帝は自らを東の正帝とし、バルカン半島、及び小アジア一帯を支配しました。

　こうして帝国内に一応の秩序が取り戻されましたが、一方で、ディオクレティアヌス帝は国民に皇帝崇拝を強要しました。自分を神として崇め、拝謁する際には　跪いて拝むように命じたのです。これに反発したのはキリスト教徒でした。当然、彼らにとっての神はディオクレティアヌス帝ではないわけです。これに皇帝は激怒。303年、命に従わなかったキリスト教徒の大迫害を行ないました。しかしこの迫害により、キリスト教徒の結束は一層強固なものとなり、階級や民族を超えてより帝国内に浸透していくことになりました。

ローマ帝国によるキリスト教の国教化

　ディオクレティアヌス帝の没後に即位したコンスタンティヌス帝（在位：306〜337年）は、キリスト教徒の広がりを見て、彼らを弾圧するよりも神の保護者となって統治に役立てたほうが得策だと考えました。そこで313年、ミラノ勅令を発し、キリスト教徒と万人の宗教的自由を公認します。さらに325年にはニケーア公会議を開き、

アタナシウス派が唱える三位一体説（父なる神、子なるキリスト、聖霊の3つは本来一体である）を正統教義とし、キリストを人間と捉えるアリウス派を異端としました。こうしてローマ帝国から追い出される形となったアリウス派はのちゲルマン世界に移動し、拡大していくことになります。

ローマ帝国の分裂

　また、コンスタンティヌス帝はディオクレティアヌス帝時代の専制君主政をさらに進展させるとともに、330年、首都をローマからビザンティウムに遷し、コンスタンティノープル（現・イスタンブル）と改称しました。帝国の重心を東西交易の中心地に移すことで、経済的な発展をもたらそうとしたのです。

　しかし、あまりにも広大化した領土を皇帝という絶対的な権力のもとに統治していくのは非常に困難でした。外圧に対抗する軍隊、政治を司る官僚機構、これらを養うだけでも莫大なお金を必要とします。属州の拡大は見込めませんから、税収が増えることはありません。ではどうするかというと、各属州の税率を引き上げたわけです。当然、属州からの反発を招くことになりました。

　392年、時のテオドシウス帝（在位：379〜395年）はキリスト教を国教化することで帝国の解体を防ごうともくろみましたが、もはや分裂は避けられないところまできていました。395年、テオドシウス帝は死に際して領域

をアドリア海を境に東西に分割し、アルカディウス（在位：383～408年）に東を、ホノリウス（在位：393～423年）に西を分け与えます。ここに、コンスタンティノープルを首都とする東ローマ帝国（ビザンツ帝国）と、ローマを首都とする西ローマ帝国が誕生しました。

後漢帝国の滅亡

　ローマが危機に見舞われた3世紀、後漢帝国も存亡の時を迎えていました。このとき、すでに皇帝の権威は形骸化し、朝廷では宦官や外戚による権力争いが深刻化しました。また、166年には宦官が儒家官僚を官職から追放する党錮の禁が起き、政治は大混乱に陥ります。

　そうした状況下の184年、太平道という宗教結社の教祖・張角（？～184年）に率いられた農民が新しい王朝の樹立をもくろんで大反乱を起こしました。これを、

黄巾の乱

といいます。この反乱を契機として、地方で勢力を蓄えていた豪族たちが世に躍り出ることになりました。反乱を鎮めた豪族たちには独自の権限が与えられ、各地に地方政権が分立します。その中でもとくに強大な力を誇ったのが、華北一帯を拠点に持つ曹操（155～220年）、長江下流域を支配した孫権（在位：222～252年）、蜀（現在の四川省）に勢力を築いた劉備（在位：221～223年）でした。そして220年、曹操の跡を継いだ曹丕（在位：220～226年）

第1章　古代　　81

は時の献帝（在位：190〜220年）から禅譲を受け、魏を建国します。ここに、後漢帝国は滅亡しました。

しかし漢王室の血を引くと伝わる劉備はこれを認めず、221年、後漢帝国の再興を名目として皇帝となりました。蜀の誕生です。また、孫権も229年に皇帝となり、呉を建国します。こうして世は、三国が鼎立する三国時代へと突入しました。その後、263年に魏は蜀を滅ぼしますが、265年、時の魏皇帝・曹奐（在位：260〜265年）が家臣の司馬炎（在位：265〜290年）に帝位を奪われて滅亡。代わって晋（西晋）が興ります。晋は280年に呉を滅ぼし、こうして中国は60年振りに再統一が果たされることになりました。

異民族王朝の時代到来

しかし、晋の治世は長くは続きませんでした。晋では一族の者を王として地方に派遣して統治を行なわせましたが、やがて朝廷内で外戚が大きな権力を握るようになると、それに反発した王たちが290年に反乱を起こします。八王の乱です。政権を巡り、国内は大混乱に陥りました。また、諸王たちは軍事力を高めるために匈奴や鮮卑といった周辺の異民族と関係を結びましたが、これが晋の衰微を加速化させていきます。

もはや晋には異民族を押さえる力はない。そう見て取った匈奴の劉淵（在位：304〜310年）は304年に漢を建国。308年には皇帝の位につきました。そしてその跡を

継いだ子の劉聡（在位：310〜318年）が311年に洛陽を攻略。316年には長安を制圧し、時の晋皇帝・愍帝（在位：313〜316年）を捕虜としました。ここに、晋はいったん滅亡することになります。以降、華北地域では異民族王朝が相次いで興亡する五胡十六国時代へと移っていきました。

一方、317年、漢に滅ぼされた晋王朝の一族・司馬睿は江南に逃れ、建康（現・南京）を都として再び王朝を興しました（東晋）。

三国時代から五胡十六国時代へ

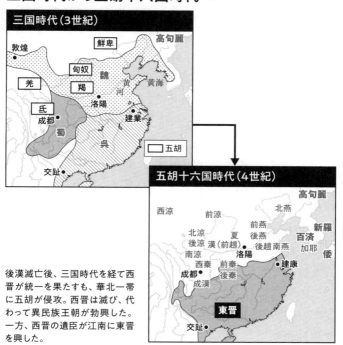

後漢滅亡後、三国時代を経て西晋が統一を果たすも、華北一帯に五胡が侵攻。西晋は滅び、代わって異民族王朝が勃興した。一方、西晋の遺臣が江南に東晋を興した。

第1章 古代 83

西アジアではササン朝が勃興

さて、ローマが衰退の時を迎えた3世紀には、西アジア世界にも大きな変革が起きました。

この時代、西アジアに勃興していたのはパルティア王国です。しかし226年、イラン系の農耕民を率いたササン朝のアルデシール1世（在位：226〜241年頃）に滅ぼされてしまいました。こうして、西アジアでは新たにササン朝が覇を唱えることになります。

2代シャープール1世（在位：241頃〜272年頃）の時代には積極的な外征が行なわれ、東はクシャーナ朝を破ってインダス川西岸域までを支配下に置きました。また西では、260年にエネッサの戦いでローマ帝国を撃ち破ってウァレリアヌス帝を捕虜とするなど、黄金期が現出されました。

インドではグプタ朝が成立

一方、インド北部ではササン朝の侵攻によってクシャーナ朝が衰退し、4世紀に入ると、代わってグプタ朝が興りました。建国者は、チャンドラグプタ1世（在位：320〜335年頃）です。3代チャンドラグプタ2世（在位：376頃〜414年頃）の時代に最盛期を迎え、北インド全域を支配するまでに勢力を拡大しました。

この時代にヒンドゥー教がインド社会に浸透し、聖典『マヌ法典』や二大叙事詩『マハーバーラタ』『ラーマーヤナ』が成立しています。

第 2 章

中世

4〜5世紀

民族の大移動により変化を遂げる世界情勢

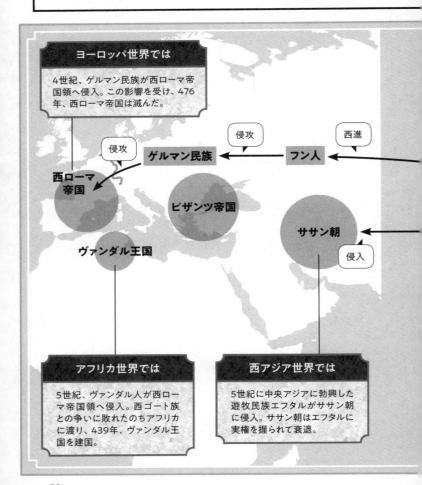

ヨーロッパ世界では

4世紀、ゲルマン民族が西ローマ帝国領へ侵入。この影響を受け、476年、西ローマ帝国は滅んだ。

侵攻 ← ゲルマン民族 ← フン人 ← 西進

侵攻 → 西ローマ帝国

ビザンツ帝国

ヴァンダル王国

ササン朝 ← 侵入

アフリカ世界では

5世紀、ヴァンダル人が西ローマ帝国領へ侵入。西ゴート族との争いに敗れたのちアフリカに渡り、439年、ヴァンダル王国を建国。

西アジア世界では

5世紀に中央アジアに勃興した遊牧民族エフタルがササン朝に侵入。ササン朝はエフタルに実権を握られて衰退。

> **時代の概観**
>
> ・ゲルマン民族の侵入で西ローマ帝国が滅亡
> ・西欧でフランク王国が台頭
> ・中国は五胡十六国時代に突入

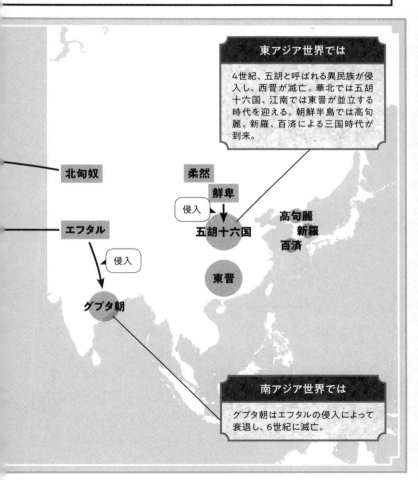

東アジア世界では

4世紀、五胡と呼ばれる異民族が侵入し、西晋が滅亡。華北では五胡十六国、江南では東晋が並立する時代を迎える。朝鮮半島では高句麗、新羅、百済による三国時代が到来。

南アジア世界では

グプタ朝はエフタルの侵入によって衰退し、6世紀に滅亡。

第2章 中世　87

ゲルマン民族の移動

　4〜5世紀は、世界的に民族が大移動を行なった時代です。ヨーロッパ世界にはゲルマン民族が、中央アジアにはエフタルが、そして中国には五胡が移動し、各地域に新たな世界が形成されていきました。それでは、世界はどのように移り変わっていったのでしょうか。まずはヨーロッパ世界から解説していきましょう。

　395年、ローマ帝国はビザンツ帝国と西ローマ帝国とに分裂しました。その後、ビザンツ帝国は1000年以上にわたって栄華を誇ることになりますが、西ローマ帝国はわずか80年で滅亡することになります。いったいなぜ西ローマ帝国は滅んでしまったのか。その一因となったのが、

ゲルマン民族の侵入

です。

　当時、ゲルマン民族はライン川以東からドナウ川以北にかけて、いくつもの部族に分かれて定住していました。この地域をゲルマニアといいます。

　ところが375年、アジア系の遊牧騎馬民族・フン族（匈奴の流れを汲み、トルコ系と融合した民族）が中央アジアから西進し、黒海のゴート族の領土へと侵攻するという事件が勃発します。黒海北岸の東ゴート人はこれに抗えずに降伏。一方、黒海西岸の西ゴート人はフン族から逃れる形でローマ帝国内に侵入しました。ゲルマン民族の大

移動の開始です。その後、西ゴート人は378年のアドリアノープルの戦いでローマ軍を破り、418年、イベリア半島に西ゴート王国を建国しました。

ゴート族を圧迫したフン族も、パンノニア（現・ハンガリー）を拠点としてたびたびローマ帝国領へと侵攻しました。アッティラ（在位：433～453年）の時代に最盛期を迎え、黒海からライン河畔にかけて広大な領土を誇るに至ります。451年のカタラウヌムの戦いではローマ軍に敗れますが、態勢を立て直した翌452年にはイタリアへ侵攻。そのあまりの威勢に、ローマ教皇レオ１世（在位：440～461年）はアッティラに莫大な貢物を贈り、帝国領から撤退させたといいます。

西ヨーロッパ世界に成立したゲルマン国家

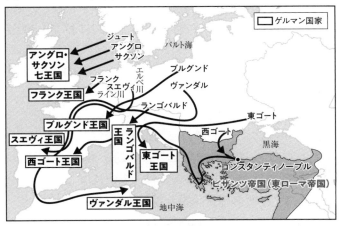

ゲルマン民族の大移動により、旧西ローマ帝国領はすべてゲルマン国家へと変貌を遂げた。

ゲルマン民族が形成したヨーロッパ世界

　453年にアッティラが亡くなるとフン帝国は瓦解しますが、すでにこの頃には西ローマ帝国領のほとんどがゲルマン民族によって占領されるという事態に陥ってしまいました。

　そして476年、ゲルマン人の傭兵隊長オドアケル（434頃〜493年）が西ローマ皇帝ロムルス・アウグストゥス（在位：475〜476年）を廃位。ここに、西ローマ帝国は滅亡の時を迎えたのでした。

　その後、西ローマ帝国領跡には、西ゴート王国や東ゴート王国、ヴァンダル王国などのゲルマン諸王国が分立することになります。

　そのいずれも短命に終わりましたが、その中でも、メロヴィング家のクローヴィス（在位：481〜511年）が481年に興したメロヴィング朝フランク王国はおよそ300年にわたって栄華を誇ることになりました。

　いったいなぜでしょうか。そこには、宗教問題が大きく横たわっています。

　当時のローマ国教は、キリスト教アタナシウス派でした。325年のニケーア公会議で正統の教義と認められたんでしたね（→P79）。このときに異端とされたのがアリウス派で、ゲルマン民族の多くはその信徒でした。クローヴィスもアリウス派を信奉していました。

　しかし旧ローマ帝国領内には、アタナシウス派の人々が生活を送っているわけです。彼らの支持なくしては、

安定した統治など築けるはずもありません。そこで496年、クローヴィスは800人の配下とともに、アタナシウス派へと改宗しました。

　これにより、フランク王国はローマ人の支持を得ることに成功し、他のゲルマン諸国家を圧して西ヨーロッパの中心を占めるまでに勢力を拡大することができたのです。

**クローヴィスは宗教的寛容性を見せることで
ローマ人からの支持を得た**

中国では五胡十六国時代

　中国では五胡と呼ばれる諸民族が侵入して西晋が滅亡（316年）。華北では異民族国家が勃興する五胡十六国時代（304〜439年）に突入し、江南で西晋の遺臣が再建した東晋と対峙しました。五胡とは、モンゴル系の匈奴、羯、鮮卑、チベット系の羌、氐のことです。約130年の間にこれらの諸民族や漢民族による国が16(実際はそれ以上とも）も勃興し、血なまぐさい戦乱の世が続きましたが、439年、鮮卑の北魏が華北を統一したことで、混乱が収束されました。

　6代孝文帝（在位：471〜499年）は徹底した漢化政策を実施することで、安定した統治体制を築こうとしました。たとえば鮮卑族の言語や服装の禁止、鮮卑族と漢民族の結婚の奨励、平城から洛陽への遷都などです。フランク

王国のクローヴィスもそうでしたが、どちらも

多数派の民族との融和をもって政権の維持を図った

ところに共通点を見出すことができますね。

　また、鮮卑が華北に入ったことで空白地帯となった北アジアでは、代わってモンゴル系の柔然が勢力を振るうこととなります。柔然では、族長のことを可汗と呼びました。この呼び方がのち台頭してくる突厥やウイグルへと継承され、やがてモンゴル族の王の呼称・汗へと変化することとなります。

　一方、江南に勃興した東晋でしたが、その政治は不安定で内乱が絶えず、420年、軍人の劉裕（在位：420〜422年）によって滅ぼされてしまいます。そして宋が建国されましたが、その統治も長続きはせず、479年には斉にとって代わられ、その後も梁、陳と相次いで勃興しました。この4王朝のことを南朝といい、

華北に興った北魏（北朝）と合わせて南北朝時代

と呼びます。

中央アジアで台頭したエフタル

　中央アジアにおいても、大規模な民族移動が行なわれました。その主役となったのは、遊牧民族のエフタルです。イラン系、もしくはトルコ系といわれます。5世紀半ばに勃興したといわれ、強大な軍事力をもって周辺諸

国を圧迫。インドではグプタ朝の衰退を招き、西アジアではササン朝に大打撃を与えました。

また、488年にはササン朝の王位継承争いに干渉し、カワード1世（在位：488〜496、498頃〜531年）を王として擁立。以降、ササン朝はエフタルに実権を握られることになり、内政は混乱を極めました。

朝鮮半島では高句麗が台頭

この時代、朝鮮半島でも大きな変革が起こっています。

前108年に衛氏朝鮮が前漢帝国の武帝に滅ぼされて以降、朝鮮半島は前漢の支配下に置かれました。武帝は楽浪郡など4郡を設置し、直接支配を行ないます。

そうした状況下の前1世紀頃に高句麗は勃興。次第に勢力を拡大し、313年には楽浪郡を滅ぼして中国勢力を朝鮮半島から退けます。19代広開土王（在位：391〜412年）の時代に最盛期を迎え、朝鮮半島北部から現在の中国東北部に至る広大な領土が現出されました。

一方、朝鮮半島南部には韓族による小国が数十も分立していましたが、高句麗に対抗するために連合が進み、馬韓、辰韓、弁韓の三韓が成立。4世紀になると馬韓は百済が、辰韓は新羅が統一しました。しかし、弁韓の統一は進まず、依然として小国が分立していたことから加耶（加羅）諸国と呼ばれました。やがて6世紀に新羅が加耶諸国を併合。こうして朝鮮半島は、高句麗、百済、新羅が相争う三国時代へと突入しました。

第2章 中世　　93

6~7世紀

イスラーム教の成立と
中華世界の再統一

ヨーロッパ世界では

ビザンツ帝国は6世紀のユスティニアヌス1世の時代に最盛期を現出。東ゴート王国やヴァンダル王国を滅ぼして地中海世界の再統一を達成したが、イスラーム勢力の台頭で弱体化。

フランク王国　東ゴート王国

西ゴート王国　ビザンツ帝国

侵攻

対立

サーサン朝

ヴァンダル王国

侵攻

イスラーム勢力
↓
ウマイヤ朝

滅ぼす

イスラーム世界では

7世紀にムハンマドがアラビア半島を統一して以降、イスラーム勢力は瞬く間に伸張。サーサン朝、ビザンツ帝国を圧迫し、イラン、イラク、シリア、エジプトにまで勢力を拡大した。661年にはウマイヤ朝が成立。

時代の概観

- イスラーム教が成立
- ビザンツ帝国が地中海世界を再統一
- 隋が300年振りに中国を統一

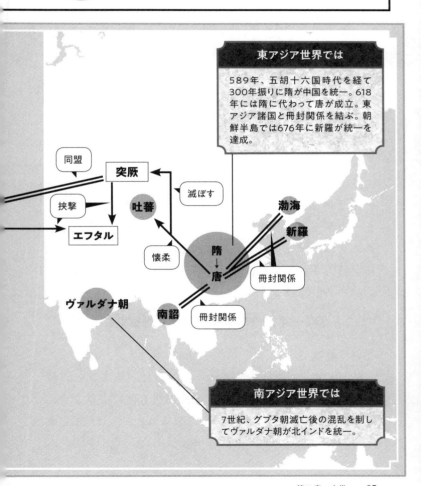

東アジア世界では

589年、五胡十六国時代を経て300年振りに隋が中国を統一。618年には隋に代わって唐が成立。東アジア諸国と冊封関係を結ぶ。朝鮮半島では676年に新羅が統一を達成。

南アジア世界では

7世紀、グプタ朝滅亡後の混乱を制してヴァルダナ朝が北インドを統一。

第2章 中世

イスラーム教の誕生

　6世紀、今後の世界史を大きく左右することになるひとりの人物がアラビア半島西岸のメッカ（現・サウジアラビア）で誕生します。その男の名を、ムハンマド（570頃～632年）といいます。

　610年頃、自らが神の預言者であることを自覚したムハンマドは、唯一神アッラーの存在を人々に説いて回りました。しかしアッラーを唯一神とする信仰や偶像崇拝の否定などを唱えるムハンマドの言葉は人々には受け入れられず、結局ムハンマドのもとに集ったのはわずか50人ほどのみでした。その後、彼らは奇異な集団であるとしてメッカの人々から迫害を受けるようになります。そこで622年7月16日、ムハンマドはメッカの北東の町メディナに移りました。これをヒジュラ（聖遷）といいます。やがてムハンマドの教えに共感する人々は増えはじめ、メディナでウンマと呼ばれるイスラーム教徒の共同体が結成されました。ちなみに、イスラームとは神や人、土地の名前ではなく、

「唯一神アッラーの教えに絶対服従する」

という意味です。

　630年、ムハンマドがメッカを占領し、イスラーム教の聖地と定めると、アラブ人の諸部族も彼に従うようになり、アラビア半島の統一がなされました。しかし632年、ムハンマドはその生を静かに終えました。イェルサレム

の岩のドームが建つ場所が、ムハンマドの魂が昇天した場所といわれます。

その後、神の言葉は『コーラン』としてまとめられました。『コーラン』とは「声に出して読め」という意味です。また、信徒の中からカリフ（後継者）が選出され、新たな指導者として教団を引っ張っていきました。

ウマイヤ朝の誕生

初代カリフに指名されたのは、アブー・バクル（在位：632〜634年）です。以降、4代アリー（在位：656〜661年）までは選挙でカリフが選ばれたことから、この時代を

正統カリフ時代

といいます。

2代ウマル（在位：634〜644年）の時代には、武力によるイスラーム教圏の拡大運動が展開されました。これをジハード（聖戦）といいます。その勢いはすさまじく、東方ではササン朝を事実上滅亡させ、西方ではビザンツ帝国軍を散々に撃ち破りました。この結果、イラン、イラク、シリア、エジプトがイスラーム教圏の新たな領土となり、古代に繁栄したアケメネス朝ペルシアとほぼ同じ広大な版図を現出するに至りました。

しかし、やがて教団内でカリフの位を巡る紛争が勃発してしまいます。661年、4代アリーが暗殺されると、シリア総督の地位にあったウマイヤ家のムアーウィヤ

第2章　中世　　97

拡大するイスラーム世界

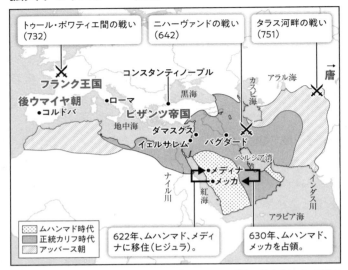

630年にムハンマドがメッカを占領して以降、イスラーム勢力は拡大を続け、正統カリフ時代の7世紀にはエジプトからメソポタミアに至る広大な領土を築き上げた。

（在位：661〜680年）が力でカリフの位を奪ってウマイヤ朝を興したのです。首都はダマスクスです。そしてムアーウィヤ以降、カリフの位は選挙ではなく、世襲によって受け継がれることとなりました。

　一方、その支配に反発する者もいました。彼らはアリーの子孫のみをムハンマドの正当な後継者だと主張し、ウマイヤ朝のカリフの存在を否定。アリーの子孫のもと、独自の信徒共同体を形成していきます。これをシーア派といいます。これに対して、ムハンマドの言行（ハディース）の実践を重視する人々をスンナ派と呼びます。

ビザンツ帝国が旧ローマ帝国領を回復

　ビザンツ帝国では、6世紀のユスティニアヌス1世（在位：527〜565年）の時代に最盛期を迎えました。彼はローマ帝国の再興を掲げ、積極的な外征を展開。534年には北アフリカのヴァンダル王国を撃ち破ります。554年にはイベリア半島の西ゴート王国を破って南部領を獲得。555年にはイタリアの東ゴート王国を征服し、地中海世界の再統一に成功しました。しかしユスティニアヌス1世が亡くなると、再び帝国は縮小します。568年にはランゴバルド人が北イタリアに侵入してランゴバルド王国を建国。さらに7世紀には、トルコ系の遊牧民ブルガール人がドナウ川流域に侵入して第1次ブルガリア帝国を建国し、また、アラビア半島に勃興したイスラーム勢力もシリアやエジプトに侵攻してきました。

　こうして帝国の領土は、バルカン半島と小アジアを残すのみとなってしまいます。またこれによって帝国内のギリシア化が促進されることとなり、公用語もそれまでのラテン語からギリシア語へと変わっていきました。

> **他民族の侵入により**
> **ビザンツ帝国内ではギリシア化が進んだ**

ササン朝の滅亡

　さて、そのビザンツ帝国と境を接し、たびたび争いを繰り広げてきたのがササン朝です。5世紀のエフタルの

侵入によって一時、国内は大混乱に陥りましたが、6世紀のホスロー1世（在位：531〜579年）の時代に勢力を挽回。西ではビザンツ皇帝ユスティニアヌス1世と50年に及ぶ和平を締結し、東ではトルコ系の遊牧民・突厥と手を組み、ついにエフタルを滅ぼしました。

　こうしてササン朝は黄金期を迎えることになります。ホスロー2世（在位：590〜628年）の時代には一時、ビザンツ帝国からシリア、エジプトを奪うことに成功しますが、642年、ニハーヴァンドの戦いでイスラーム勢力に敗れ、651年に滅亡しました。

中国では300年振りの統一王朝の誕生

　五胡十六国時代、南北朝時代と、中華世界は長らく混迷を極めました。そうした状況下の589年、北朝最後の王朝・北周の外戚で、隋を建国した楊堅（在位：581〜604年）が南朝の陳を征討。西晋の滅亡から約300年振りに中華世界の統一を果たしました。

　楊堅は都を大興城（現・西安）に置くと、均田制、府兵制、州県制、科挙を実施し、徹底した中央集権体制を敷きました。均田制と府兵制は、成年男子に土地を貸す代わりに納税と徴兵の義務を負わせるという制度です。

　科挙は、学科試験による官吏登用制度のこと。それまでの中国王朝で採用されていた九品中正法は中央政府から地方に赴いた中正官が官吏候補の評判を聞いて推挙するという形で行なわれていたため、地方豪族が特権を

得、門閥貴族となって中央を支配するという傾向にありました。楊堅はこの制度を廃止することで彼らの力を抑えようとしたわけです。能力で人材を抜擢するという合理的な制度・科挙は、王朝が交代しても受け継がれていき、清朝末期の1905年まで行なわれることになります。

その後、隋は2代煬帝(在位:604～618年)の時代に全盛期を迎えます。煬帝は中華世界の統合を進めるため、

南北朝時代を経て誕生した隋

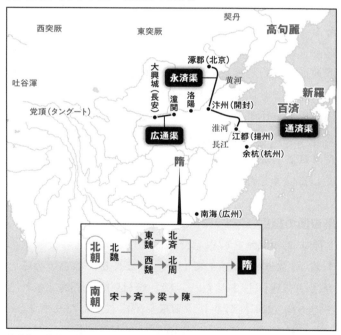

南北朝の動乱を経て、589年、隋が中国を統一した。2代煬帝の時代には運河によって南北の交通路が通じ、経済の発展がもたらされた。

既存の運河を利用して大興城から北は涿郡（現・北京）、南は余杭（現・杭州）へと通ずる大運河を完成させました。こうして南北に開かれた新たな交通路は、華北地方と江南地方の政治・経済の結合を進展させる重要な役割を果たしました。

　しかし、隋の栄華もここまででした。この頃、朝鮮半島北部には高句麗が覇を唱えていました。煬帝は使者を派遣して高句麗に朝貢を強要しましたが、拒否されてしまいます。これに煬帝は激怒。612年、113万という大軍をもって高句麗へと攻め込みましたが、高句麗の反撃にあって敗北。その後も613年、614年と連年のように高句麗遠征を敢行しましたが、いずれも失敗に終わりました。隋の威信は地に堕ちるばかり。すると、国内では大運河建設に駆り出された農民らによる反乱が相次いで起こりました。この混乱の最中の618年、煬帝は側近の兵士に殺されてしまい、隋は中国統一からわずか30年で滅亡してしまいました。

唐帝国の誕生

　隋末期の混乱を収束したのは、煬帝のいとこで軍人の李淵（在位：618〜626年）でした。彼は長安に都を定めると、唐帝国を建国しました。以降、唐は907年に滅ぼされるまでの約300年にわたり、栄華を誇ることになります。

　とくに2代太宗（在位：626〜649年）から3代高宗（在位：649〜683年）の時代にかけて唐はモンゴル高原の突厥や

チベットの吐蕃、高句麗を征服し、空前の世界帝国を形成します。全土を統治するために律令（律は刑法、令は行政法）が規定され、この法律に基づいて三省・六部・九寺・一台からなる中央の官僚制度や均田制、租（田税）・庸（労役）・調（絹や綿などの税）制と呼ばれる税制、兵農一致の府兵制などが整備されました。また、新しく服属した異民族地域を平和裏に支配するため、唐の法律や風俗などを強制せず、それぞれの民族の首長に統治を任せるという間接統治策を行ないました。これを羈縻政策といいます。

　一方、朝貢してきた周辺諸国の首長には王などの官位を与えて唐の臣下とする関係を結びました（冊封体制）。

　唐と冊封関係を結んだ国には朝鮮半島の新羅や中国東北地方の渤海などがあります。

> **冊封体制により、**
> **唐を中心とする東アジアの国際秩序が成立**

新羅が朝鮮半島の統一を達成

　4世紀半ば以降、朝鮮半島では高句麗、百済、新羅が鼎立する三国時代が続きましたが、660年、唐と同盟を結んだ新羅が百済を滅ぼし、668年には高句麗を征討しました。その後、朝鮮の支配を巡り、新羅と唐は対立しますが、6年にも及ぶ戦いの末、唐が撤退。ここに、新羅が朝鮮半島をはじめて統一することになりました。

第2章　中世　103

8～9世紀

拡大を続ける
イスラーム世界

ヨーロッパ世界では

751年、ピピン3世がカロリング朝フランク王国を興す。その跡を継いだカール大帝はローマ教皇から西ローマ帝国の帝冠を与えられる。

西ローマ帝国の継承とする。

フランク王国

対立

後ウマイヤ朝 ← **ローマ教皇** → **ビザンツ帝国**

対立

アッバース朝に敗れたウマイヤ朝勢力が逃亡。

アッバース朝

トゥール・ポワティエ間の戦いでウマイヤ朝軍を撃ち破るカール・マルテル。

イスラーム世界では

ウマイヤ朝に代わり、アッバース朝が君臨。アッバース朝に追われたウマイヤ朝の残党はイベリア半島に逃れ、後ウマイヤ朝を建国。

時代の概観

- アッバース朝がイスラーム世界に君臨
- 唐帝国が滅亡
- カール大帝が西ヨーロッパ世界をほぼ統一

東アジア世界では

755年に安史の乱が勃発。唐は衰退し、907年に滅亡。

タラス河畔の戦い（751年）

唐

渤海
新羅

シュリーヴィジャヤ王国
シャイレンドラ朝

第2章 中世 105

ウマイヤ朝勢力の拡大

　8世紀に入っても、イスラーム勢力の拡大はとどまるところを知りませんでした。ウマイヤ朝下でも積極的なジハードが展開され、その勢力圏は、東方では中央アジアからインド北西部、西方ではエジプト以西の北アフリカにまで及びました。さらに711年には北アフリカからイベリア半島に渡って西ゴート王国を征服。その矛先は、ヨーロッパ世界にも向けられました。

　718年、ウマイヤ朝軍はビザンツ帝国の首都コンスタンティノープルに攻撃を仕掛けます。しかしさすがにビザンツ帝国の守りは固く、おとすことはできませんでした。時のビザンツ皇帝はレオン3世（在位：717〜741年）です。このとき、彼はギリシア火と呼ばれる一種の火炎放射器を使い、ウマイヤ朝軍を撃退しました。

　一方、ウマイヤ朝軍はイベリア半島からも北上し、ピレネー山脈を越えてたびたびフランク王国と矛を交えました。ですが、732年のトゥール・ポワティエ間の戦いでフランク王国のカール・マルテル（688頃〜741年）に敗れてしまいます。結局、ウマイヤ朝はピレネー山脈以北にその勢力を広げることはできませんでしたが、それでも、その支配領域は広範囲に及び、オアシスの道や地中海といった交易ルートはイスラーム勢力ががっちりと押さえることになります。この結果、西ヨーロッパでは地中海貿易は衰退し、「キリスト教徒は地中海に板切れ1枚すら浮かべることができなかった」という世界情勢が

生み出されることになりました。

アッバース朝の勃興

ところが、それほどの強勢を誇ったウマイヤ朝も、あっさりとその幕を下ろすことになります。750年、クーデターによって内部崩壊してしまうのです。その要因は、

アラブ人第一主義

にありました。アラブ人のイスラーム教徒はザカート（喜捨）という義務を負うだけでしたが、異民族のイスラーム改宗者（マワーリー）にはハラージュ（地租）やジズヤ（人頭税）が課せられました。イスラーム教の教えでは、人は神のもとみな平等であるはずでした。しかし実際は同じイスラーム教徒なのに差別が行なわれている。さすがに納得がいきませんね。こうしてマワーリーを中心とした不満勢力の怒りが爆発。アブー・アルアッバース（在位：750～754年）という指導者に率いられ、ウマイヤ朝を打倒したのでした。

その後、アブー・アルアッバースがカリフとして即位し、アッバース朝が勃興しました。ウマイヤ朝の残党はイベリア半島に逃れ、

後ウマイヤ朝

を建国することになります。ちなみに、イスラーム教徒は征服地の人々に対して改宗を強制しませんでした。信

第2章 中世　107

仰の自由は認めていたわけです。このような異教徒の人々はズィンミーと呼ばれました。その代わりにやはりハラージュとジズヤを納めるよう要求されたわけですが、これは信仰の代償であり、彼らの中から不満の声が上がることはとくにありませんでした。

イスラーム帝国の誕生

　その後、アッバース朝は約500年にわたって栄華を誇ることになります。

　751年には唐帝国とタラス河畔で戦い、これを見事に撃ち破りました。これにより、唐はアッバース朝のシルクロード支配をやむなく認めることになります。また、このときに捕虜となった唐軍の兵士の中に製紙法の技術を修得した者がおり、イスラーム世界に紙が伝わる契機にもなりました。

　2代マンスール（在位：754〜775年）の時代には肥沃なティグリス河畔に新都バグダードが建設されます。バグダードは陸海上交易の結節点として大いに発展を遂げました。

　このときに活躍したのはイスラーム商人です。彼らはバグダードを中心に中央アジアやアフリカ、インド、東南アジア、東アジアへと進出。ペルシア湾岸やアフリカ東海岸、中国沿岸などに拠点を築き、広大な交易ネットワークを形成しました。

　さて、アッバース朝がここまでの繁栄を遂げることが

できたのには、大きな理由がありました。それは、

アラブ人特権の廃止

です。ウマイヤ朝時代はアラブ人にえこひいきしていたことが原因でクーデターが起きたのでしたね。そこでアッバース朝では、アラブ人にもハラージュを負担させることにしました。また、マワーリーに対するジズヤを廃止することで、イスラーム教徒間での平等をもたらしたのです。それだけでなく、中央政府の宰相や地方長官にもマワーリーの者を採用するようにしました。ここに、すべてのイスラーム教徒が人種や民族の違いを超越し、イスラーム教というひとつの宗教で結ばれることになったのです。こうしてイスラーム世界は、アラブ帝国からイスラーム帝国へと昇華していったのでした。

　アッバース朝は、5代ハールーン・アッラシード（在位：786〜809年）の時代に黄金期を迎え、このときバグダードの人口は100万人を超えていたともいわれます。

唐帝国では安史の乱が勃発

　こうしてアッバース朝が勃興する一方で、東アジアでは唐帝国が衰退の時を迎えていました。その原因をつくったのは、ひとりの妖艶な女性でした。彼女の名を、

楊貴妃（719〜756年）

といいます。

第2章　中世　109

すでに7世紀末、唐は混乱の時代を迎えていました。3代高宗の死後には、その皇后だった則天武后が子の4代中宗（在位：683〜684年、705〜710年）を廃して自ら帝位につき、国号を周と改める事件が起きています。これを武周革命といいます。こうして唐は、一時途絶えることになってしまいました。

この混乱を収拾して即位したのが、6代玄宗（在位：712〜756年）でした。玄宗は国境や要衝に節度使を置いて外敵の侵攻に備える一方、国内の治安維持につとめ、

「開元の治」

と呼ばれるほどの善政を敷きました。

しかし晩年、玄宗は楊貴妃に出会ったことでその人生を大きく狂わせてしまいます。もともと楊貴妃は玄宗の18番目の子・寿王の妃でした。それを玄宗は無理やり奪い、自分の妃にしてしまうのです。そして彼女に皇后に次ぐ貴妃の位を与えました。このとき、玄宗は61歳、楊貴妃は26歳でした。これ以降、玄宗は政治に対する興味を失い、ただただ楊貴妃との甘い暮らしを謳歌するようになります。代わって実権を握ったのは楊氏一族でした。楊氏一族の専横により、国内は混乱に陥りました。そうした状況下の755年、節度使の安禄山（705〜757年）が軍人・史思明（？〜761年）とともに蜂起し、長安に攻め込みます。これを安史の乱といいます。この乱の最中に楊貴妃は殺害されました。

110

唐帝国の滅亡

　この反乱により長安は荒廃し、唐の国庫は破綻に陥ります。そこで780年、宰相・楊炎（727〜781年）の提言により、両税法を導入しました。

　両税法の最大の特徴は、

それまで人に課せられていた税の対象を土地に移した

ところにあります。従来の均田制は国家の土地を農民に貸して生活を保障する代わりに租庸調という税を負担させるというものでした。ところが安史の乱後、多くの農民は均田から逃亡し、税を徴収することができないという状態に陥ってしまったわけです。そこで唐は、国民に対して土地の私有化を認めました。土地は絶対にその場から逃げませんからね。そして耕地面積の大小で負担税率を変えるという手法をとったのです。これにより、国内では大土地所有者が現われ、中には豪族として地方に割拠する者も出ることになりますが、もはや背に腹は代えられなかったのでした。

　また、唐では両税法に加え、塩を国家の専売商品としました。財源を確保するためです。しかし塩の密輸商人たちがこれに激しく抵抗。875年には黄巣の乱を引き起こします。このとき、地方で独自の軍閥を形成するようになった節度使（藩鎮）もここぞとばかりに決起し、907年、黄巣の武将だった朱全忠（852〜912年）により、唐は約300年の歴史に終止符を打ちました。

第2章　中世　　111

西欧ではカロリング朝フランク王国の誕生

　西ヨーロッパ世界に勢力を伸長したメロヴィング朝フランク王国では8世紀、メロヴィング家の宮宰でカロリング家出身のカール・マルテルが台頭。732年のトゥール・ポワティエ間の戦いでウマイヤ朝を退けると、その名声はより一層高まることとなりました。その後、カール・マルテルの跡を継いだピピン3世（在位：751〜768年）は751年にメロヴィング朝を廃すと、時のローマ教皇ザカリアス（在位：741〜752年）の支持を得て

カロリング朝フランク王国

を興しました。

　ここで注目されるのは、ピピン3世がローマ教皇に承認されて王位を奪ったという点です。なぜローマ教皇はこれを認めたのでしょうか。

　これまで、ローマ教皇は地上におけるキリストの代理者として全教会の指導を行なってきましたが、西ローマ帝国の滅亡以降、キリスト教を保護する権力者はいませんでした。したがってイスラーム勢力などの外敵の侵攻を受ければたちまち消滅してしまう危険をはらんでいたのです。そのため教皇は、

確固たる権力を持った後ろ盾がほしかった。

　それに加え、ビザンツ皇帝レオン3世（在位：717〜741年）が聖像禁止令を公布したのも大きな理由でした。レオン

3世はビザンツ帝国内で広大な所領を有していた修道院を弾圧するためにキリストやマリアらの聖画・彫刻などを禁じたのですが、ローマ教皇にとって聖像はゲルマン人に布教するために必要不可欠なものでした。言葉だけで説明するよりも、聖像を実際に見せて布教したほうがはるかに話が早いですよね。こうしてローマ教皇はビザンツ皇帝との対立を深めていきます。ですが、軍事力では到底勝てません。

さぁ、どうしましょうか、といったときに、カール・マルテルが登場したわけです。イスラーム勢力を退けてヨーロッパ世界の平和を守った英雄です。衰退しつつあったメロヴィング朝フランク王国の中で、ようやく現われた実力者の存在に、ローマ教皇は注目します。そして彼の子・ピピン3世が見事フランク王国に君臨した。これに近づかない手はありませんね。つまり、次のことが言えるわけです。

> **ビザンツ帝国に対抗するため、**
> **ローマ教皇はカロリング朝に接近した。**

こうして、ローマ教皇はカロリング朝フランク王国を新たな後ろ盾とすることができました。一方、ピピン3世もこの恩義に応え、756年、北イタリアに勃興していたランゴバルド王国に侵攻してかつて西ローマ帝国の首都だったラヴェンナ地方を奪うと、これをローマ教皇に寄進しました。これがローマ教皇領のはじまりであり、

第2章 中世　113

カロリング朝とローマ教皇との関係性はより一層親密な
ものとなりました。

カールの戴冠

　768年にピピン3世が没すると、その子カール1世
（カール大帝、在位：768〜814年）がカロリング朝を継承し
ました。そしてこの時代に西ヨーロッパがほぼ統一され、
ビザンツ帝国と肩を並べるほどの版図が現出されること
になります。

　774年、まずカールはローマ教皇領を脅かしていたラ
ンゴバルド王国を滅ぼします。そしてそれを皮切りに、
北はザクセン人、東はアヴァール人、南は後ウマイヤ朝
と次々と敵対勢力を撃ち破りました。こうしてフランク
王国の領域は、現在のフランスからドイツ、北イタリア
にまで拡大します。

　カールはこの広大な領土を治めるため、全国をいくつ
かの州に分けると、そこに統治者として伯を配置しまし
た。そして伯の行動を監視するために巡察使を派遣しま
した。また、カールはラテン文化を蘇らせるべく、ラテ
ン語とキリスト教の保護に貢献しました。これをカロリ
ング・ルネサンスといいます。

　さて、このようなカールの行動を見て、ローマ教皇は
彼こそが西ローマ帝国の継承者にふさわしいと考えるよ
うになります。そこで800年、時のローマ教皇レオ3世（在
位：795〜816年）はカールに西ローマ帝国皇帝の帝冠を与

えました。ここに、西ローマ帝国は復活することになったのです。4世紀のゲルマン民族の大移動以来、混乱状態にあった西ヨーロッパ世界にようやく安定がもたらされたのでした。そしてそれは、古代ローマ帝国、ゲルマン、キリスト教という3要素が融合した新しい西ヨーロッパ世界のはじまりでもありました。

カール大帝の台頭

768年にカロリング朝フランク王国を継承したカール大帝は積極的な外征を行ない、領域を拡大した。

第2章 中世　115

9〜11世紀

第2次民族移動により激動する世界

ヨーロッパ世界では

ノルマン人の民族移動により、各地にノルマン人国家が成立。一方、フランク王国は解体され、フランス王国、神聖ローマ帝国が誕生。

イスラーム世界では

アッバース朝衰退に伴い、中央アジアに興ったセルジューク朝が勢力を伸張。エジプトではファーティマ朝が成立。

時代の概観
- 神聖ローマ帝国がヨーロッパ世界の頂点に
- セルジューク朝がイスラーム世界の覇権握る
- 中国では五代十国時代を経て宋王朝が勃興

東アジア世界では

中国では五代十国時代を経て宋（北宋）が誕生。燕雲十六州を巡り、遼と対立。

第2章 中世 117

フランク王国の衰退

　西ヨーロッパ世界で絶大なる権勢を誇ったカロリング朝フランク王国も、カール大帝の死とともに衰退をはじめます。9世紀に入ると、カール大帝の孫による領土争いが勃発し、843年のヴェルダン条約により、フランク王国は西フランク、中フランク、東フランクの3王国に分裂しました。また870年にはメルセン条約が結ばれ、中フランク王国の北半分の領域（ライン川域）が東西フラ

カール大帝没後の西ヨーロッパ情勢

カール大帝の死後、フランク王国は3つに分割。現在のフランス、イタリア、ドイツの原型が築かれた。

ンク王国によって分割統治されることになりました。それぞれの領域が、現在のフランス、イタリア、ドイツの原型となります。

10世紀になると、カロリング朝の血筋が途絶え、3つのフランク王国はすべて滅ぶこととなってしまいました。このとき、西フランク王国ではパリ伯のユーグ・カペー（在位：987〜996年）によってカペー朝フランス王国が創始されました。

東フランク王国では選挙によってザクセン公ハインリヒ1世（在位：919〜936年）が選出され、オットー朝（ザクセン朝）が成立しました。2代オットー1世（在位：936〜973年）の時代の955年には、東方から侵攻してきた遊牧民族マジャール人をアウグスブルク近郊で撃破し、壊滅的な打撃を与えています（レヒフェルトの戦い）。そしてこの活躍がローマ教皇に認められ、962年、オットー1世は時のローマ教皇ヨハネス12世（在位：955〜964年）から、長らく空位にあった西ローマ皇帝の帝冠を授けられました。ここに、

キリスト教を保護する神聖ローマ帝国

が成立しました。その後、神聖ローマ帝国は1806年までヨーロッパ世界の頂点に立つこととなります。

ノルマン人の大移動

さて、西ヨーロッパでフランク王国の解体が進んでい

第2章　中世　119

た頃、バルト海沿岸ではゲルマン人の一派・ノルマン人が活動を開始します。「vik（入り江）」に住んでいたことから、入り江の民ということでヴァイキングとも呼ばれました。

　もともと彼らは北欧のスカンディナヴィア半島（現在のスウェーデン、ノルウェー）、ユトランド半島（現在のデンマーク）を拠点としていましたが、人口増加に伴う農地の不足、気候変動による食糧不足などの問題が起こるに至り、様々な地域へと移動を開始しました。

　彼らはヨーロッパ各地に侵入すると、略奪や殺戮を繰り返して人々から恐れられましたが、一方で、土地を支配して王となる者も現われるようになりました。

　862年には、リューリック（在位：864〜879年）に率いられたノルマン人の一派・ルーシがノヴゴロドを拠点としてノヴゴロド国を建国。9世紀後半には都をキエフに遷し、キエフ公国を樹立しました。これが、現在のロシアの起源です。

　また、911年には他のノルマン人の一派が西フランク王国北部に侵入し、ノルマンディー公国を建国します。

　さらに1016年には、ノルマン人の一派・デーン人のカヌート（在位：1016〜42年）がイングランドを征服。デーン朝を開きました。その後、カヌートは北海からバルト海にかけて一大勢力圏を築き、デンマーク王国、ノルウェー王国の王も兼任しました。

　ノルマン人の勢い、恐るべしですね。

イスラーム世界ではアッバース朝が衰退

今度はイスラーム世界に目を転じてみましょう。ハールーン・アッラシードの時代に最盛期を迎えたアッバース朝でしたが、10世紀に入るとその政治体制にほころびが出はじめることとなります。

その原因は、各地で自立した軍人の存在にありました。

当時、アッバース朝では広大な領土を治めるため、アミールと呼ばれる地方総督を各地に派遣して中央集権体制を敷いていました。

また軍事面でもマムルークと呼ばれる奴隷出身の軍人を組織し、軍団の中核としました。アミールやマムルークには、アターと呼ばれる現金が支給されました。これをアター制といいます。

ところが10世紀に入ると、あまりにもマムルークの人数が膨れ上がってしまったため、支払いに滞りが出るようになってしまいます。給料がもらえなくなった彼らは、当然怒ります。そしてしまいには、それぞれの任地の実権を握り、カリフに従わなくなってしまったのです。

アター制の崩壊でアッバース朝は分裂

こうしてアッバース朝内では地方王朝が次々と自立するようになり、946年にはイラン系のブワイフ朝がバグダードを占領するという大事件が勃発しました。ブワイフ朝の首長はアッバース朝を滅ぼしませんでしたが、カリフにはもはや実権はなく、事実上滅亡に近い形にまで

第 2 章　中世　　121

追い込まれたのでした。

　その後、11世紀に入ると、スンナ派イスラーム教を信仰するトルコ人トゥグリル・ベク（在位：1038～1063年）が中央アジアにセルジューク朝を建国。次第にその勢力圏を拡大していき、1055年にはバグダードからブワイフ朝勢力を追い出すことに成功しました。

　こうしてブワイフ朝の支配から解放されたカリフはトゥグリル・ベクに、

スルタン（イスラーム社会の保護者）

という称号を与えます。のちスルタンはイスラーム世界の君主という意味で広く使われるようになりました。

　この事件は、それまでアラブ人やイラン人が握っていたイスラーム世界の覇権がトルコ系勢力へと移り変わる契機にもなりました。

北アフリカに成立したシーア派のイスラーム王朝

　軍人の自立でアッバース朝の権力が衰退すると、北アフリカでもその権威を否定する勢力が現われるようになりました。正統カリフ4代アリーの子孫を称するウバイド・アッラー（？～934年）が興したシーア派ファーティマ朝です。ファーティマ朝はもともとチュニジアに建国されましたが、969年にエジプトを征服すると、ナイル川のデルタ地帯に新しくカイロを建設。そこを首都とし、紅海ルートによる海上交易で繁栄しました。

中国では宋王朝が勃興

　約300年にわたって栄華を誇った唐帝国が滅びたのは907年のことでしたね。その後、中国は五代十国時代という分裂の時代を迎えることになります。華北では朱全忠が建国した後梁にはじまり、後唐、後晋、後漢、後周が勃興。そして周辺の諸地域には前蜀、後蜀、荊南、楚、呉、南唐、呉越、閩、南漢、北漢など10余国が併存する時代が続きました。

　この混乱期を治めたのが、後周の武将・趙匡胤（在位：960～976年）でした。960年に宋王朝を建国した趙匡胤は、徹底的に軍人、とくに節度使を排除し、代わって文人官僚による皇帝独裁体制を敷きました。これを文治主義といいます。そして2代太宗（在位：976～997年）の時代に北漢を滅ぼし、中国のほぼ全土の統一を達成しました。

　しかしこの頃、宋の周辺にはいくつもの異民族国家があり、宋に圧力を加えていました。とくに北方の遊牧民族・契丹が建国した遼は五代十国時代に後晋から燕雲十六州（現在の山西、河北北部）を獲得しており、万里の長城を越えたエリアにまで勢力を伸長していました。

　燕雲十六州を取り戻してこそ、はじめて中国が統一されたということができます。そこで宋は遼と一戦を交えましたが、結局決着をつけることはできず、1004年、澶淵の盟を締結しました。国境は現状のままとされ、かつ宋は毎年銀10万両、絹20万匹を遼に贈るはめとなってしまいました。

第2章　中世　123

11～13世紀

活発化する
ヨーロッパの膨張運動

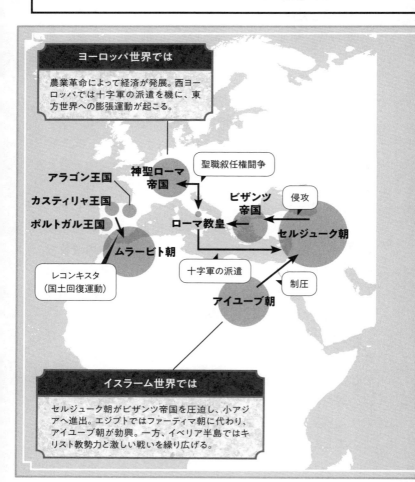

時代の概観

- 農業革命によって商業が復活
- キリスト教世界による国土回復運動が進展
- 中国東北部に起こった金が宋を滅ぼす

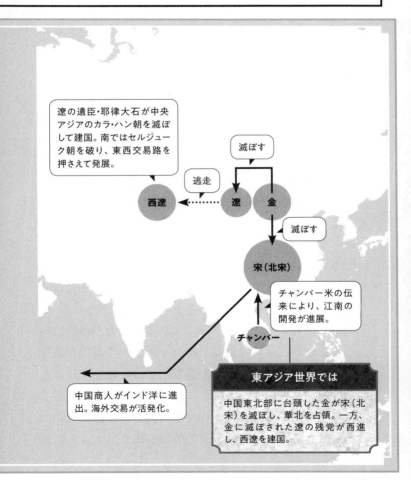

遼の遺臣・耶律大石が中央アジアのカラ・ハン朝を滅ぼして建国。南ではセルジューク朝を破り、東西交易路を押さえて発展。

西遼 ←逃走…… 遼 金
滅ぼす

金 → 滅ぼす → 宋（北宋）

チャンパー米の伝来により、江南の開発が進展。

チャンパー

中国商人がインド洋に進出。海外交易が活発化。

東アジア世界では

中国東北部に台頭した金が宋（北宋）を滅ぼし、華北を占領。一方、金に滅ぼされた遼の残党が西進し、西遼を建国。

西ヨーロッパの農業革命

　11世紀になると、世界的に農業革命が進展し、農業生産が飛躍的に向上することになります。奇しくも西ヨーロッパと中国で同時期に、同じような現象が起こりました。それでは、まずは西ヨーロッパ世界における農業革命を見ていきましょう。

　西ヨーロッパ世界に新たに登場した農法は、鉄製の有輪犂（りんすき）と三圃制（さんぽ）といいます。

　有輪犂は、牛や馬にひかせて農地を耕す農耕具のことです。これを重くすることで、より深くまで耕すことが可能になったのです。ただし非常に重いため、操作が困難で、容易に反転できないという欠点がありました。そこで、それまでいびつな形をしていた農地は長さ約200メートル、幅約４メートルほどの帯状の区画に整地されました。これを地条といいます。

　そしてこの耕地は、春耕地、秋耕地、休耕地の３つに区分されて耕されました。これを三圃制といいます。ヨーロッパの土地は痩せていたので、収穫量を上げるには３年に１度は土地を休ませる必要があったのです。

　これにより、西ヨーロッパでは農業生産力が格段に向上しましたが、一方で消費し切れない余剰生産物が発生することになります。すると各都市ではそれを売買するための定期市が開かれ、それに伴って貨幣も流通するようになりました。ここに、作り手、売り手、消費者が商品と貨幣を通じて結ばれる貨幣経済が成立しました。商

業が復活すると、それを媒介する都市にも変容が見られるようになります。商業都市の出現です。しかも商業活動の範囲は国境を越えて全ヨーロッパ規模に及びました。

十字軍の派遣

こうして西ヨーロッパで商業ルネサンスの時代が到来すると、経済は大いに発展し、人口もおよそ200年で2～3倍へと増大します。すると今度は、東方世界へ向かって勢力の拡張運動が起こることになりました。

その思惑は、各層によって様々でした。国王や諸侯などは、より利益を上げるために新たな土地の獲得を求めます。都市の商人たちはそれまでイスラーム商人に独占されていた地中海交易ルートを奪還することで、都市のさらなる発展をもくろみました。一方、ローマ教皇は当時、教会聖職者の叙任権を巡って神聖ローマ皇帝と争っていました。これを、

聖職叙任権闘争

といいます。1077年にはローマ教皇グレゴリウス7世（在位：1073～85年）が神聖ローマ皇帝ハインリヒ4世（在位：1084～1105年）を破門するという事件が起きています（カノッサの屈辱）。このときは皇帝がローマ教皇に謝罪し、破門を解いてもらう形で幕を閉じましたが、それでもまだ対立は続いていました。そこでローマ教皇はビザンツ帝国下の東方教会を吸収してキリスト教圏を自分の統率

下に置き、叙任権闘争を優位に進めたいと考えました。

　そのような状況下、中央アジアに勃興したセルジューク朝がキリスト教の聖地・イェルサレムを占領し、さらにビザンツ帝国領を脅かすという事件が勃発します。

　ビザンツ帝国軍単独ではセルジューク朝軍を防ぎ切れないと判断した時の皇帝・アレクシオス1世（在位：1081〜1118年）は、時のローマ教皇ウルバヌス2世（在位：1088〜99年）に救援を要請しました。

　これを受けたウルバヌス2世は1095年、フランス南部のクレルモンで公（宗教）会議を開くと、イスラーム教徒に対する聖戦を決定。そして1096年、聖地回復を目的とする第1回十字軍が派遣されました。

　先ほども説明したように、この十字軍にはじつに様々な思惑が渦巻いていましたが、東方世界への伸張を企図していた西ヨーロッパ世界にとっては、まさに降って湧いたような僥倖ともいうべき出来事だったのです。

十字軍の失敗

　こうして東方世界へと歩を進めた第1回十字軍は聖地の奪還に成功し、イェルサレム王国を建国しました。しかしほどなくイスラーム教徒が反撃に出ると、1187年には、ファーティマ朝を廃してアイユーブ朝を樹立したサラディン（在位：1169〜93年）によってイェルサレムを制圧されてしまいます。1189年に第3回十字軍が派遣されましたが、聖地の奪回は果たせませんでした。

十字軍の派遣

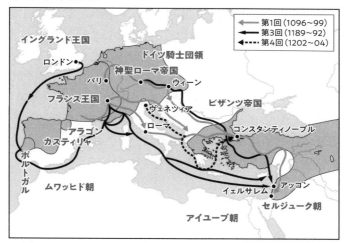

十字軍の目的は聖地を奪還することにあったが、回数を経るごとに世俗的な要素が加わり、第4回目はイスラーム勢力から商業圏を奪うことが目的とされた。

　そして1202年には第4回十字軍が派遣されますが、このときは商業圏の拡大をもくろむヴェネツィアが主導権を握り、ビザンツ帝国の首都コンスタンティノープルを占領。この地にラテン帝国を建国しました。追われることになったビザンツ帝国の残党は小アジアにニケーア帝国を築き、1261年にコンスタンティノープルを奪還するまで雌伏を余儀なくされたのでした。

　その後も幾度も十字軍は派遣されましたが、第7回十字軍（1270～91年）をもって、その活動に終わりを告げました。結局、十字軍は聖地を回復できず、東方にも勢力を伸長できませんでした。これによりローマ教皇の権威

は失墜。また度重なる遠征で財を失った諸侯らも没落しました。それに対し、諸国王はこれを契機として王権の拡大に乗り出し、中央集権体制を強化しました。

　一方、十字軍の遠征で東西交通が盛んとなったことを受け、地中海を中心としてヴェネツィアなどの北イタリア諸都市とイスラーム商人との東方貿易（レヴァント貿易）が活発化しました。やがてこれによって経済を発達させた都市は自治権を獲得するようになり、ヨーロッパ全域に自由都市が誕生することになります。

宋では江南の開発が進む

　さて、今度は中国における農業技術発展の歴史を見ていきましょう。この時代、中国を統一していたのは宋でしたね。11世紀になると、今のベトナム南部から宋に新種の水稲が伝わりました。占城稲（チャンパー米）という品種です。日照りや干ばつに強く、また成長が早いために１年に２度収穫することができるという特徴がありました。これにより、長江下流域を中心に二期作、二毛作が本格化しました。また、沼地や湿地帯を干拓して造成した新しい耕地・囲田や圩田、湖田もつくられました。その結果、

「蘇湖（江浙）熟すれば天下足る」

と謳われるほど、江南を中心に生産力が向上しました。

　これに伴って商業経済も発展を遂げました。都市の内

部には瓦市と呼ばれる24時間営業の歓楽街が形成されます。郊外や農村部でも草市（市場）や鎮（工業都市）などが経済活動の拠点として栄えました。結果、中国でもやはり貨幣経済が発達し、銅銭が多く鋳造されたほか、交子と呼ばれる手形も発行されるようになりました。

　海外交易が盛んとなったのも、やはりこの時代です。唐代以前とは異なり、中国商人が東シナ海、南シナ海を経由して自らインド洋へと進出したという点に大きな特徴を見出すことができます。宋の主な輸出品が陶磁器であったことから、宋から東・南シナ海、そしてインド洋へと通ずる交易の道を「陶磁の道」と呼びます。

華北に侵入した女真族王朝・金

　しかし、宋は周辺の異民族が台頭する中で衰退を余儀なくされてしまいます。

　12世紀には中国東北部に女真族の金が興り、1125年には遼を滅ぼします。そして1126年、金は燕雲十六州を越えて宋領へ侵攻。1127年、首都・開封をおとし、華北の占領に成功しました（靖康の変）。このとき、8代皇帝徽宗（在位：1100〜25年）、9代皇帝欽宗（在位：1125〜27年）は金領へと連行されてしまい、二度と戻ることはありませんでした。こうして宋は一時滅亡します。その後、宋の残存勢力は江南へ逃れ、欽宗の弟を擁立して王朝を再興（南宋）。その後、淮河を境として金と南宋が併存する時代が続きました。

第2章　中世　　131

13世紀

世界を凌駕する巨大帝国の誕生

ヨーロッパ世界では

1241年、ドイツ・ポーランド軍がモンゴル帝国軍に敗北。イスラーム世界との戦いを優位に進めるため、モンゴル帝国との同盟を模索するも失敗。

1243年、バトゥが建国。

ワールシュタットの戦い（1241）

ドイツ騎士団領
ポーランド王国
キプチャク・ハン国
神聖ローマ帝国
ハンガリー王国
ビザンツ帝国
イル・ハン国

1258年、フラグが建国。

マムルーク朝

イスラーム世界では

アイユーブ朝に代わってトルコ系のマムルーク朝が勃興。カイロにアッバース朝のカリフの子孫を保護し、イスラーム世界の指導者となる。

テムジンによるモンゴル高原の統一

　第４回十字軍でヴェネツィアがコンスタンティノープルを征服し、ラテン帝国を建国した頃、東西世界の歴史を大きく塗り替えることになる大帝国がモンゴル高原に興りました。モンゴル帝国です。建国者はテムジン。

チンギス・ハン（在位：1206〜27年）

です。

　当時、モンゴル高原にはモンゴル系やトルコ系など様々な遊牧民族が割拠し、覇権を争っていました。そうした状況下に登場したテムジンはたちまち諸部族を統一。1206年にはクリルタイ（集会）でハン（王の意）に選出されました。また巫師の占いにより、チンギス（光の神の意）という呼称を授かります。こうしてチンギス・ハンを称することになったテムジンは、1220年頃から本格的な外征を開始。東西交易路を支配すべく、中国東北部の西夏や、西遼、さらにはセルジューク朝から自立し中央アジアに勃興したホラズム・シャー朝などを次々と征服しました。遊牧民族といえば、決まった住居はなく、季節に応じて各地を放浪するというのが常でしたが、チンギス・ハンはそれに留まらなかった。すでにその脳裏には、

商業を機軸とした世界帝国構想

が横たわっていたのです。その後、チンギス・ハンは金の征服をももくろみましたが、残念ながらそれが叶うこ

134

とはありませんでした。1227年、落馬による傷が原因で亡くなってしまいます。

ヨーロッパ世界を震撼させたモンゴル軍

　チンギス・ハンの死後、その跡を継いだのは３男のオゴタイ・ハン（在位：1229～41年）でした。オゴタイ・ハンは首都をモンゴル高原南のカラコルムに置くと、1234年、父がなし得なかった金の打倒に成功し、東方の領域を中国華北部にまで広げます。

　次にその目が向けられたのは、なんとヨーロッパでした。1236年、遠征の総司令官を任ぜられたチンギス・ハンの孫バトゥ（1207～55年）は４年に及ぶ戦いの末にキエフ公国を倒してロシア全域の征服に成功すると、1241年にはリーグニッツでドイツ・ポーランド連合軍を撃破しました（ワールシュタットの戦い）。

　モンゴル軍の圧倒的な軍事力は、ヨーロッパ諸国を震え上がらせることになりました。ワールシュタットとは「死体の地」という意味。この言葉からも、いかにモンゴル帝国を脅威に感じていたかを読み取ることができるでしょう。

　その後も４代モンケ・ハン（在位：1251～59年）の時代には大理国、さらにはアッバース朝を滅ぼし、また朝鮮半島の高麗もその支配下に収めました。こうして東は朝鮮半島、西はロシア、イランに至る広大な領域が現出されたのです。

フビライによる中国統一

　その後、モンゴル帝国は5代フビライ・ハン（在位：1260〜94年）の時代に全盛期を迎えます。1264年、フビライ・ハンは都を大都（現・北京）に遷すと、1271年には国号を大元としました。中国の農耕社会に支配の重点を置いたわけですね。そして1279年にはついに南宋を滅ぼしました。

フビライ・ハンの時代にモンゴル帝国は中国を統一

　アジアからヨーロッパに及ぶ広域な領土を支配するため、フビライ・ハンはジャムチと呼ばれる駅伝制を整備します。陸上の幹線道路には10里ごとに駅が設置され、そこで馬の交換や食糧の供給などが行なわれました。これによって交易路の安全が確保されると、商人やキリスト教宣教師が元を訪れるなど、東西の交流が活発化するようになりました。

　とくにヴェネツィア商人のマルコ・ポーロ（1254〜1324年）の来訪はよく知られるところでしょう。マルコ・ポーロはフビライ・ハンに17年仕えたのち、1295年にヴェネツィアに帰国。その後、『世界の記述（東方見聞録）』を著しました。

　一方、イスラーム商人によってイスラーム世界の天文学が伝わり、授時暦が作成されました。中国からは火薬や羅針盤がイスラーム世界に伝わっています。

　また、フビライ・ハンは既存の運河の修築や新運河の

建設を行ない、東シナ海の沿岸航路を整備しました。こうしてシルクロード、草原の道、海の道が連結され、東アジアからヨーロッパにまたがる一大交易ネットワークが形成されました。

北アフリカではマムルーク朝が台頭

シーア派ファーティマ朝を廃したサラディンが樹立したアイユーブ朝は十字軍の手からイェルサレムを奪回したり、第3回十字軍を退けたりと活躍しましたが、やがて1250年、トルコ系のマムルークがアイユーブ朝を打倒し、エジプトからシリアにかけてマムルーク朝を建国しました。マムルークとは、

奴隷出身の軍人

のことでしたね。

第5代バイバルス（在位：1260〜77年）の時代の1260年には、シリアに侵入したモンゴル軍をアイン・ジャルートの戦いで撃破。カイロにアッバース朝のカリフを擁立するとともに、メッカ、メディナの二大聖地を支配下に収め、イスラーム世界における権威を確固たるものとしました。

また、エジプトの穀倉地帯や、インド洋から紅海、地中海を結ぶ交易ルートをがっちりと押さえることで財政基盤を確保し、16世紀初頭まで長期にわたって存続しました。

14〜15世紀

ペストの流行でヨーロッパ世界に訪れた暗黒時代

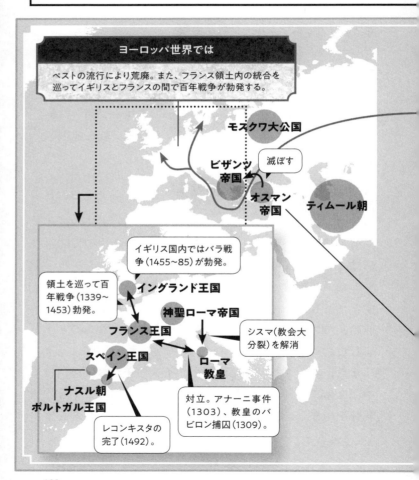

ヨーロッパ世界では

ペストの流行により荒廃。また、フランス領土内の統合を巡ってイギリスとフランスの間で百年戦争が勃発する。

- モスクワ大公国
- ビザンツ帝国 — 滅ぼす
- オスマン帝国
- ティムール朝

- イギリス国内ではバラ戦争(1455〜85)が勃発。
- 領土を巡って百年戦争(1339〜1453)勃発。
- イングランド王国
- 神聖ローマ帝国
- フランス王国
- シスマ(教会大分裂)を解消
- スペイン王国
- ローマ教皇
- ナスル朝
- ポルトガル王国
- レコンキスタの完了(1492)。
- 対立。アナーニ事件(1303)、教皇のバビロン捕囚(1309)。

138

<table>
<tr><td rowspan="3">時代の概観</td><td>・明がモンゴル勢力を退けて中国を統一</td></tr>
<tr><td>・フランス・イギリス間で百年戦争が勃発</td></tr>
<tr><td>・ビザンツ帝国が滅亡</td></tr>
</table>

←── ペストの拡散ルート

ペストは草原の道を通り、黒海、地中海を経てイタリア、ヨーロッパへと拡散した。

・カラコルム

1392年、李成桂が高麗を倒して建国。

李氏朝鮮

明

中国・雲南省がペストの発生地(?)。

西アジア世界では

13世紀に台頭したオスマン帝国が1453年、ビザンツ帝国を滅ぼす。

東アジア世界では

中国では元に代わって明が勃興。3代永楽帝の時代に鄭和の南海大遠征が行なわれるなど対外政策が伸張。一方、朝鮮半島では高麗に代わり、李氏朝鮮が興った。

第2章 中世 139

中国では元から明へ

　アジアからヨーロッパにかけて広大な領域を誇ったモンゴル帝国でしたが、フビライ・ハンの死後、衰退の一途をたどることとなります。

　折しも、14世紀は世界的に寒冷化に見舞われた時代でした。元でも農作物の収穫量が激減し、飢饉が頻発します。そうした中、人々が救いを求めたのが白蓮教でした。白蓮教は仏教とマニ教、弥勒信仰が融合して成立した宗教で、終末期に弥勒菩薩といういわば救世主がこの世に現われ、世界を救ってくれるとする教えが特徴です。

　やがて、元国内で後継者争いが勃発したり、交鈔という紙幣の濫発によって経済がインフレを起こすなど社会不安が増大すると、1351年、ついに白蓮教徒らが立ち上がり、反乱を起こしました。これを、

白蓮教徒（紅巾）の乱

といいます。1368年には反乱軍の指導者のひとりであった朱元璋（在位：1368〜98年）が応天府（現・南京）で即位して明を興すと、大都を攻略してモンゴル勢力をモンゴル高原へと退け（北元）、中国の統一を達成しました。

明王朝が成立し、宋王朝以来の漢民族王朝が誕生

　その後、3代永楽帝（在位：1402〜24年）はモンゴル高原への親征やベトナム北部の直轄領化、中国東北部の女真族を支配下に置くなど積極的な対外政策を展開しまし

た。治世の晩年には都を北京に遷しています。一方、イスラーム教徒の宦官・鄭和（1371〜1434年頃）には南海遠征を行なわせ、東南アジアやインド、アラビア半島、東アフリカの国々に明の威勢を知らしめるとともに、朝貢を促しました。この遠征で東南アジアやインド洋沿岸の50以上の国が明に朝貢使節を派遣するようになったといいます。こうして東アジアでは明を中心とした冊封体制が再び構築され、秩序がもたらされることになりました。

ティムール朝の興亡

さて、元が滅亡すると、モンゴル帝国を分割統治していたロシアのキプチャク・ハン国、イランのイル・ハン国、中央アジアのチャガタイ・ハン国もそれぞれ衰亡の時を迎えることとなります。

その中で台頭したのは、チンギス・ハンの子孫を称したティムール（在位：1370〜1405年）でした。1370年、ティムールは西トルキスタンを統一し、ティムール朝を興します。そして積極的な軍事遠征を敢行し、中央アジアから西アジアに至る広大な領土を現出しました。しかし15世紀後半に帝国は2つに分裂。16世紀には支配下にあったトルコ系遊牧民族ウズベク族の反乱にあい、滅亡しました。

ティムール朝の首都だったサマルカンド。当時でも30〜40万もの人口を抱えるほどの繁栄を遂げていた。2001年に世界遺産に登録。

ヨーロッパ世界を襲ったペスト

　14世紀に起こった世界的な寒冷化により、ヨーロッパ全域も飢饉に見舞われることになりました。それに輪をかけるようにして、人々を絶望の底へと突き落とす病魔が蔓延しました。ペスト（黒死病）です。

　ペストの発祥地は中国であるといわれます。それが1340年代に貿易を通じてイタリアに運ばれ、瞬く間にヨーロッパ全域に拡散したのです。モンゴル帝国がアジアからヨーロッパにかけて築き上げた交易ネットワークが病原菌を運ぶ道となってしまったのでした。

　ペストの流行により、西ヨーロッパの人口の4割近くが死亡したともいわれます。ただし、大きな被害を被ったのは農民など下層の人々でした。貴族や領主など多少の資産を持っていた人々はペストが流行していない田舎へと逃げることができたためです。

　しかし農民人口の減少により、領主は大打撃を受けます。農民という働き手を失ってしまったら、農地を耕す者がいなくなり、収入が減ってしまいますからね。そこで領主はどうしたか。生き残った農民に対する税や労働負担を強化したんです。この動きを、

封建反動

といいます。農民はたまったものじゃありません。こうして農民は各地で抵抗運動を起こすこととなります。フランスではジャックリーの乱（1358年）、イギリスではワッ

ト・タイラーの乱（1381年）が勃発しました。結局反乱は鎮圧されますが、この事件を契機に農民の自立化が促され、農奴解放が進んでいくこととなりました。

失墜するローマ教皇の権威

一方、14〜15世紀にかけて、ヨーロッパ世界は各国で変革の時を迎えていました。

十字軍遠征が失敗に終わったのち、各国では国王を中心とする中央集権化が進み、ローマ教皇の権威は失墜しました。そうした状況下の1303年、カペー朝フランスで大事件が勃発します。

事の発端は、時のフランス王フィリップ4世（在位：1285〜1314年）が聖職叙任権を行使するとともに、教会に対して税を課したことにありました。時のローマ教皇ボニファティウス8世（在位：1294〜1303年）は当然これに納得がいきません。教皇令を発布し、フランス国内であろうとも教会の支配権はローマ教皇にあるということを主張しました。そしてフィリップ4世に破門を言い渡します。

「カノッサの屈辱（→P127）」の時と似ていますね。しかし王権が強大化したいま、王にとってローマ教皇は邪魔な存在でしかありませんでした。そこでフィリップ4世はローマ郊外のアナーニでなんとボニファティウス8世を捕らえて幽閉するという暴挙に出ます。これをアナーニ事件といいます。まもなくローマ教皇は救い出されま

第2章 中世　143

すが、悔しさの余りに憤死してしまいました。

　フィリップ4世のローマ教皇への攻撃はこれだけにとどまりませんでした。1309年には時のローマ教皇クレメンス5世（在位：1305～14年）を強制的にフランス南部の都市アヴィニョンに連行しました。これを、

教皇のバビロン捕囚

といいます。かつてヘブライ人がパレスチナから新バビロニア王国に連行された故事になぞらえた名称です。

　こうして、教皇庁はおよそ70年にわたり、フランス王権の下に置かれることになりました。1377年にはローマに戻り、1378年にウルバヌス6世（在位：1378～89年）が即位しますが、一方で、フランスはクレメンス7世（在位：1342～94年）を教皇としてアヴィニョンに擁立します。こうして教会はローマとフランスにそれぞれ指導者をいただくという事態に陥ってしまいました。これをシスマ（教会大分裂）といいます。いったいどちらの教皇についていけばいいのか、信者たちも混乱してしまいますね。そこで1409年のピサ公会議で新たな教皇を選出し、教会の統一を図ろうとする動きが起きますが、逆にローマ、アヴィニョン、そしてピサにそれぞれ教皇が立つという混乱を招くことになってしまいました。

教会秩序にもたらされた安定

　そうした状況下、イギリスのオックスフォード大学教

授ジョン・ウィクリフ（1320頃～84年）やベーメン（現・チェコ）のプラハ大学教授ヤン・フス（1370頃～1415年）などが聖書中心主義を唱えます。神の教えはすべて聖書に書かれているのだから、聖職者ではなく聖書を信仰すべきだとするものです。また国家教会主義、すなわち教会は国家の保護があって初めて活動できるということを主張しました。

　そんな中、この混乱を収拾しようとしたのが、神聖ローマ皇帝ジギスムント（在位：1411～37年）でした。1414年、ジギスムントはコンスタンツ公会議を開くと、ローマ教皇を唯一の教皇として承認しました。これによりシスマは解消され、ヨーロッパの教会秩序に安定がもたらされましたが、一方でウィクリフ説とフスが異端とされ、フスは火刑に処されてしまいました。

　それではどうして神聖ローマ皇帝がわざわざ矢面に出てきたのでしょうか。その背景には、東方に勃興していたオスマン帝国の存在がありました。

　当時、オスマン帝国の勢力は拡大の一途をたどっており、その存在を見過ごすことはできなくなっていました。実際、1396年、当時ハンガリー王だったジギスムント率いるヨーロッパ連合軍はニコポリスの戦いでオスマン帝国軍に大敗を喫しています。このままではオスマン帝国がバルカン半島、さらにはヨーロッパにまで進出してくる恐れがありました。そうした中でヨーロッパ世界が分裂していたら到底太刀打ちはできません。ジギスムント

第2章　中世　　145

はオスマン帝国と対峙するため、いち早くシスマを解消
したかったといえます。

> **神聖ローマ皇帝がシスマに介入した背景には
> 東方で伸張するオスマン帝国の存在があった**

百年戦争の勃発

　さて、話をフランスに戻します。ローマ教皇を退け、
絶大なる権勢を誇ったフィリップ4世でしたが、その没
後まもなくカペー朝の男系が断絶。1328年、代わって
フィリップ4世の甥にあたるヴァロワ家のフィリップ6
世（在位：1328〜50年）が即位しました。ここに、ヴァロ
ワ朝が成立します。

　しかしこれに反対する者がいました。時のイングラン
ド王エドワード3世（在位：1327〜77年）です。エドワー
ド3世の母はフィリップ4世の娘でした。自分にも王位
を継ぐ権利があると主張したのです。

　じつは、その背景にはイギリスとフランスの領土問題
が横たわっていました。その歴史は11世紀にまでさかの
ぼります。11世紀にフランス国王の家臣ノルマンディー
公ウィレムがイングランド王として即位して以降、イン
グランド王がフランスの一諸侯としてフランスに領土を
所有するという二重支配が続いていたのです。

　とくにイギリスが譲れなかったのは、フランドルと
ギュイエンヌでした。フランドルはヨーロッパでも有数

の毛織物工業地帯で、イギリスにとっては羊毛を輸出する重要な地域でした。またギュイエンヌはワインの生産で栄えていた都市で、イギリス領でした。

このように様々な思惑が交錯する中、1339年、エドワード3世はついにフランスに軍を送り込みました。百年戦争の勃発です。

百年戦争はフランス国内の イギリス領を巡る対立

当初、戦況はイギリス軍が優勢でした。長弓隊を率いたエドワード3世の子・エドワード黒太子（1330〜76年）がクレシーの戦い（1346年）やポワティエの戦い（1356年）でフランス軍を撃破します。こうしてイギリスはフランスの北・西部をほぼ制圧しました。

さらに1429年にはフランス王シャルル7世（在位：1422〜61年）が籠るオルレアンを包囲し、フランスをいよいよ追い詰めます。

しかしそのような中、農民の娘ジャンヌ・ダルク（1412〜31年）が登場し、フランスを窮地から救います。神託を受けたジャンヌはシャルル7世から軍勢を預かると、イギリス軍を次々と撃ち破り、占領されていた町を解放していきました。こうして反撃に転じたフランス軍は1453年にはドーバー海峡に臨むカレーを除く全国土を回復。イギリス軍をフランスから追い出すことに成功しました。

第2章　中世　147

百年戦争の勃発

フランス王位継承問題を巡ってイギリス、フランスとの間に百年戦争が勃発。結果、フランスがイギリス勢力を本土から追い出し、カレーを除く領土の回復に成功した。

バラ戦争の勃発

こうしてフランスの領土を失ったイギリスでしたが、今度は国内で紛争が勃発します。ランカスター家とヨーク家による王位継承戦争が起こったのです。ランカスター家の家紋が赤バラ、ヨーク家の家紋が白バラであっ

たことから、バラ戦争（1455～85年）と呼ばれます。この争いに、百年戦争に出兵した他の貴族も参戦しました。百年戦争では結局新たな領土を獲得することができませんでしたからね。今度はイギリス国内で勢力を伸長しようとしたわけです。

30年に及んだ内乱の結果、テューダー家のヘンリが勝ち抜き、1485年、ヘンリ7世（在位：1485～1509年）として即位しました。テューダー朝のはじまりです。バラ戦争によって多くの貴族が没落したため、自然と支配権は国王に一元化されることになりました。こうして時代は、国王が絶対的な権力を有する絶対王政へと移り変わっていくことになります。

ペストの流行と大乱が封建制を解体させた

ビザンツ帝国の滅亡

百年戦争が終結した1453年、奇しくも1000年以上にわたって栄華を誇ったビザンツ帝国が滅びることになります。その原因をつくったのは、1299年にアナトリアの一角に勃興したオスマン帝国でした。徐々に勢力を伸長し、1366年にはバルカン半島に進出。アドリアノープル（現・エディルネ）に首都を置くようになります。

こうしてビザンツ帝国はオスマン帝国に少しずつ領土を奪われていき、15世紀には首都コンスタンティノープルとその周辺にわずかに勢力を有するだけとなってしま

いました。そして1453年、ついにオスマン帝国軍がコンスタンティノープルに侵攻、5月29日、ついに最後の時を迎えたのでした。

その後、コンスタンティノープルはオスマン帝国の新たな首都とされ、イスタンブルと改称されました。

ビザンツ帝国が滅亡した頃、西欧では百年戦争が終結

イベリア半島ではレコンキスタが完成

一方、イベリア半島ではレコンキスタが終わりを迎えようとしていました。711年にウマイヤ朝が西ゴート王国を滅ぼして以降、イベリア半島はイスラーム勢力下に置かれていましたが、11世紀に入り、国土回復運動（レコンキスタ）が活発化。その間、イベリア半島北部にはカスティリャ王国、アラゴン王国、ポルトガル王国などキリスト教勢力による国家が分立し、イスラーム王朝と激しい戦いを繰り広げました。

その中心を担ったのはカスティリャ王国とアラゴン王国ですが、1469年、アラゴン王子フェルナンド（在位：1479〜1516年）とカスティリャ王女イサベル（在位：1474〜1504年）の政略結婚によって両国は統合。スペイン王国が誕生しました。そして1492年、スペイン王国はイベリア半島を治めていたイスラーム勢力・ナスル朝を滅ぼし、781年振りにキリスト教勢力によるイベリア半島の再統一を達成しました。

第3章

近代

15〜16世紀

大航海時代の幕開け

新大陸から持ち帰った品をスペイン王に献じるコロンブス。

1492年、コロンブスがアメリカ大陸に到達。

1521年、スペインのコルテスによって滅亡。

サンサルバドル島

アステカ王国

ブラジル

インカ帝国

1533年、スペインのピサロによって滅亡。

1500年、ポルトガルがブラジルを領有。

アメリカ世界では

スペインの膨張運動により、アメリカに築かれていた文明が滅亡。

時代の概観

- ポルトガルがアジアとの交易ルートを掌握
- スペインがアメリカの開拓を進める
- 価格革命によりヨーロッパの封建領主が没落

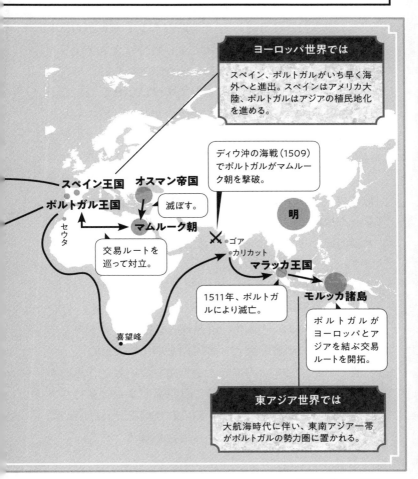

ヨーロッパ世界では

スペイン、ポルトガルがいち早く海外へと進出。スペインはアメリカ大陸、ポルトガルはアジアの植民地化を進める。

ディウ沖の海戦（1509）でポルトガルがマムルーク朝を撃破。

スペイン王国　**オスマン帝国**
ポルトガル王国
セウタ
→ マムルーク朝 ← 滅ぼす。
交易ルートを巡って対立。

明

ゴア
カリカット
マラッカ王国
モルッカ諸島

1511年、ポルトガルにより滅亡。

ポルトガルがヨーロッパとアジアを結ぶ交易ルートを開拓。

喜望峰

東アジア世界では

大航海時代に伴い、東南アジア一帯がポルトガルの勢力圏に置かれる。

第3章　近代　153

香辛料貿易で発展を遂げるポルトガル

　1492年のレコンキスタの完成をもって、ヨーロッパ世界は第2次膨張運動の時代、大航海時代を迎えます。これによりヨーロッパからアメリカ、アジア、そしてアフリカが連結し、世界は一体化していくことになりました。

　その動きは、まずイベリア半島のポルトガルからはじまります。15世紀初頭のことです。当時はカスティリャ王国主導のもとイベリア半島の統合が進められ、ポルトガルはそれ以上の領土の拡張ができずにいました。そうした中、ポルトガルが目をつけたのがアフリカでした。

　こうしてポルトガルは15世紀初頭からアフリカの探索に乗り出し、1415年には北アフリカのセウタを占領します。もともと北アフリカはキリスト教圏でしたが、8世紀にウマイヤ朝によって征服され、イスラーム教圏となった地域でした。そこでポルトガルはレコンキスタを大義名分として押し立て、公然と征服活動を行なったのです。

　1488年にはバルトロメウ・ディアス（1450頃～1500年）がアフリカ南端の喜望峰に到達し、1498年にはヴァスコ・ダ・ガマ（1469頃～1524年）が喜望峰経由でインド西岸のカリカットに到着。東インド航路を開拓しました。

　彼らを駆り立てたのは領土を拡張したいという思いが第一でしたが、それに次いで、貴重品だった香辛料をアジアとの直接交易によって手に入れたいという経済的動機もありました。14世紀頃から肉食が普及したヨーロッ

パ世界にあって、香辛料は上流社会の人々の必需品であり、莫大な富をもたらす商品だったためです。実際、ヴァスコ・ダ・ガマがインドから持ち帰った香辛料は、買値の約60倍で売れたといいます。

ところが、このポルトガルの行動を敵視する勢力がいました。エジプトのイスラーム国家マムルーク朝です。当時、インド洋ではマムルーク朝を中心とするイスラーム勢力が幅をきかせ、香辛料貿易を独占していました。ポルトガルはこの商業ルートに割り込もうとしたわけです。

1509年、ついに両国はインド洋上で武力衝突し（ディウ沖の海戦）、ポルトガルが勝利を収めました。この戦いの結果、商業ルートを失うことになったマムルーク朝は衰退を余儀なくされ、1517年、オスマン帝国に滅ぼされてしまいました。

一方、イスラーム勢力から商業ルートを奪ったポルトガルは、1510年にはインド西岸のゴアに対アジア貿易の拠点となる総督府を設置。1511年には東南アジア初のイスラーム教国マラッカ王国を滅ぼし、その翌年にはモルッカ（香料）諸島に到達しました。こうして本国とアジアを直結する交易ルートをつくり上げたポルトガルは香辛料の直接取引によって巨万の富を得ました。

**香辛料貿易により、ポルトガルの首都
リスボンは世界商業の中心となる**

第3章　近代　155

スペインによる航路開拓

　ポルトガルに遅れを取る形となったスペインがインド航路の開拓に乗り出したのは、レコンキスタが完了した1492年のことでした。このとき、スペイン女王イサベル（在位：1474〜1504年）の命を受けて旅立ったのが、ジェノヴァ出身の船乗りクリストファー・コロンブス（1451〜1506年）です。コロンブスは天文学者のトスカネリ（1397〜1482年）の説を信じ、イベリア半島を西に進めばアジアに到達すると考えました。当時はまだアメリカ大陸の存在はヨーロッパ世界では知られていなかったため、世界地図にも反映されていなかったんですね。

　こうしてコロンブスは1492年8月、スペイン南西部のバロス港を出港。72日に及ぶ航海を経て、カリブ海に浮かぶグワナハニ島に到達しました。そしてこの島に、サンサルバドル（聖なる救世者）という名をつけました。

　コロンブスはカリブ海に位置する諸島部一帯をインドだと信じて疑いませんでした。現地の人々をインディオと呼んだのもそのためです。その後、コロンブスは同地を3度訪れ、スペインに珍しい品々を持ち帰りました。しかし肝心の香辛料はもたらされなかったばかりか、交易ルート確立の糸口もつくれないコロンブスに対して徐々に失望の声が上がるようになります。

　そうした状況下の1501年、コロンブスが到達したのはインドではなく、ヨーロッパ人がそれまで知らなかった「新世界」であることがフィレンツェ出身の探検家アメ

リゴ・ヴェスプッチ（1454〜1512年）によって明らかとなります。そして1507年、ドイツの地理学者マルティン・ヴァルトゼーミュラーがこの「新世界」を彼の名にちなんでアメリカと呼ぶよう提唱したのでした。ちなみにコロンブスは失意と貧困にあえぐ中、1506年にこの世を去っています。

その後、1513年にはスペイン人のバルボア（1475頃〜1519年）がパナマ地峡を横断して太平洋に到達。1522年、スペイン王の命を受けたポルトガル人マゼラン（1480頃〜1521年）艦隊が世界周航を達成し、地球は球体であることが証明されたのでした。なお、マゼランは1521年にフィリピンに到達したときに現地人に殺害されています。

16世紀、大西洋岸のポルトガルとスペインが交易によって繁栄を遂げる

ヨーロッパとアメリカの従属関係

コロンブスは結局インド航路を開拓することはできませんでしたが、その行動はヨーロッパとアメリカの従属関係をつくり上げる契機となりました。

ここで、アメリカにおける文明の変遷を振り返っておきましょう。

アメリカ大陸に初めて人類が到達したのは、およそ1万数千年前のことだと見られています。ヨーロッパとは異なり、他の大陸との交流を持たなかったアメリカで

は、メキシコ北部から中央アメリカ北部にかけてメソアメリカ文明が、中央アンデス地帯ではアンデス文明が発達しました。両文明ともトウモロコシやジャガイモ、サツマイモ、トマトなど独自の農産物栽培を生業とし、人力で耕作を行なっていたという特徴を持ちます。牧畜は行なわれず、鉄器も使用されませんでした。

ただし相当優れた文明を築いていたことは間違いなく、たとえば前1000年頃、ユカタン半島に興ったマヤ文明（前1000頃〜16世紀）では巨大な神殿・ピラミッドの建設が行なわれたり、象形文字や太陽暦、20進法を使用したりしていたことがわかっています。

しかし両文明ともに政治的統一をもたらす勢力は現われず、地方によって異なる文明が共存する時代がしばらく続きました。

やがて14世紀になると、メキシコ高原にアステカ人がアステカ王国を建設します。首都はテノチティトランです。アステカ王国は周辺の諸勢力を征服し、メキシコ湾岸から太平洋岸に至る広大な領域を現出しました。

一方、15世紀になると、アンデス地方でもケチュア人が台頭し、現在のコロンビア南部からチリ中部に至る壮大なインカ帝国を建国しました。

その都市のひとつに、現在世界遺産に登録されているマチュ・ピチュがあります。アンデス山脈の中でも標高約2400メートルというひと際高い峰の頂上に築かれたマチュ・ピチュは広場や神殿、祭壇、住居、墓地などから

構成され、1000以上の人々がここで生活を営んでいたといいます。

このように、スペイン人の征服以前、アメリカ大陸では、メキシコ高原のアステカ王国、アンデス地方のインカ帝国が強勢を誇っていました。しかしアステカ王国は1521年にスペインのコルテス（1485〜1547年）に、インカ帝国は同じくスペインのピサロ（1470頃〜1541年）によって滅ぼされてしまいました。当時、アメリカには馬や銃などはありませんでしたから、圧倒的な軍事力を誇るスペイン軍にまったく太刀打ちができなかったのです。新大陸を征服した者は「コンキスタドレス」と呼ばれました。

スペインの征服活動により、アメリカ文明は滅亡

こうしてブラジルを除くアメリカ大陸（ブラジルは1500年にポルトガル人カブラルが漂着したことを機にポルトガル領となる）を勢力下に収めたスペイン国王カルロス１世（在位：1516〜56年）は征服者たちに先住民とその土地に対する支配権を委託しました。ただし先住民を奴隷とすることは法的に禁じ、キリスト教の布教と保護を条件としました。これをエンコミエンダ制といいます。

しかし征服者たちはこれを無視し、先住民を鉱山開発や農園経営などの労働力として酷使。多くの先住民が強制労働で命を落としました。さらにヨーロッパ世界からもたらされた伝染病の影響もあり、1000万人以上いたという先住民人口は100万人ほどにまで激減。結果、その

代わりの労働力として、西アフリカから黒人が奴隷として強制的に送り込まれることになりました。

商業革命と価格革命

　さて、大航海時代の到来により、ヨーロッパの社会構造に大きな変化が起こることになります。まず、ヨーロッパの国際商業の拠点がそれまでのイタリア半島からイベリア半島の大西洋岸側へと移動することになりました。それに加え、世界的な規模で商取引が行なわれるようになり、ヨーロッパ世界を軸とした世界の一体化が進展しました。これを、

商業革命

といいます。

　また、1545年に現在のボリビアでポトシ銀山が発見されたことに伴い、16世紀後半、大量の銀がヨーロッパに流入します。すると銀の価値は下がり、相対的に物価が上昇。ヨーロッパの物価は3～5倍にも高騰しました。これを

価格革命

といいます。

　価格革命は、一方でヨーロッパ諸国の封建領主たちの没落を招くことになります。彼らの主な収入源は農民から支払われる貨幣地代でした。貨幣地代は定額でいくら

と決められていたので、価格革命でインフレが起きても金額は変わりません。すると、どうなるでしょうか。お金の実質的な価値は3分の1から5分の1ほどに下がっていますから、収入が物価の上昇に追いつかなくなってしまいますね。そのため封建領主たちの生活は破綻へと追い込まれてしまいました。

こうして、大航海時代の到来は結果的に、

> **ヨーロッパの封建社会を崩壊させる**

という事態をもたらしたのでした。

銀がもたらした世界の一体化

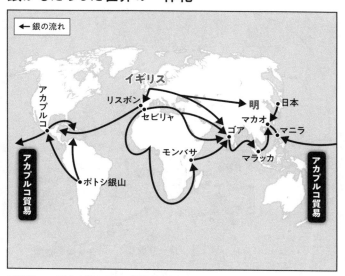

16世紀、アメリカ大陸や日本で採掘された銀は瞬く間に世界中に流入し、世界の一体化を進展させた。

16世紀

ヨーロッパに拡がる宗教改革の波

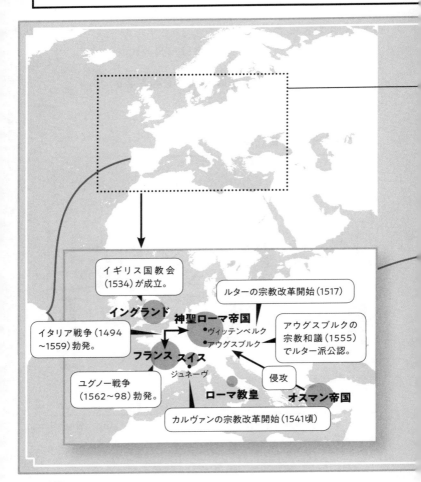

- イギリス国教会（1534）が成立。
- ルターの宗教改革開始（1517）
- アウグスブルクの宗教和議（1555）でルター派公認。
- イタリア戦争（1494～1559）勃発。
- ユグノー戦争（1562～98）勃発。
- カルヴァンの宗教改革開始（1541頃）
- 侵攻

イングランド / **神聖ローマ帝国**（ヴィッテンベルク・アウグスブルク） / **フランス** **スイス**（ジュネーヴ） / **ローマ教皇** / **オスマン帝国**

> 時代の概観
> - ルターの宗教改革の波がヨーロッパを席巻
> - 新たなキリスト教派閥・プロテスタントが誕生
> - イギリスではイギリス国教会が成立

ヨーロッパ世界では

16世紀、ルターの宗教改革がヨーロッパ全土を席巻。ローマ・カトリック教会と一線を画したプロテスタントが誕生。フランスではカトリック派とプロテスタント派によるユグノー戦争が勃発した。

明

室町幕府

イエズス会の宣教師フランシスコ・ザビエルの航路。

フランシスコ・ザビエル

東アジア世界では

宗教改革を受け、ローマ・カトリック教会はアジアへの布教を図るべく、イエズス会の宣教師を派遣。1549年、フランシスコ・ザビエルが日本に上陸。

第3章 近代 163

ルターの宗教改革

　16世紀は、宗教界においても大きな変革が起こることになりました。その発端となったのは、1517年、時のローマ教皇レオ10世（在位：1513〜21年）がドイツで贖宥状（いわゆる免罪符）を販売したことにあります。贖宥状を買えばすべての罪があがなわれ、神に救われると放言したのです。レオ10世はこの売り上げでサン・ピエトロ大聖堂の修築費用を捻出しようとしたのでした。

　しかし、声高にこれを批判する者が現われました。

ヴィッテンベルク大学神学教授の
マルティン・ルター（1483〜1546年）

です。同年、ルターは『九十五ヵ条の論題』を発表し、金銭で罪をあがなえるとした教会の主張を批判。さらには、神の救いは贖宥状の購入ではなく、キリストの福音をひたむきに信仰することで得られると主張したのです。

　ローマ教皇はこれに怒り、1521年、ルターを破門します。しかしそれまでローマ・カトリック教会に不満を抱いていたドイツ国内の諸侯や農民らはルターを支持し、ローマ・カトリック教会の権威を否定しました。このようにローマ・カトリック教会から離れたキリスト教の派閥を、

プロテスタント（抗議する者）

といいます。

ルターは1546年に亡くなってしまいますが、彼の遺志は信者に受け継がれ、その勢力はますます拡大しました。さすがの神聖ローマ皇帝カール5世（在位：1519〜56年）もこれを無視できなくなり、1555年、アウグスブルクの宗教和議でルター派を認め、領主にカトリックかルター派かを選択する権利を与えました。

　じつは当時、神聖ローマ帝国は東ではオスマン帝国の侵攻にあい、西ではフランスと領土を巡ってイタリア戦争（1494〜1559年）を行なっていました。領土が危機に見舞われる中、カール5世は内輪もめをしている場合ではないと判断したのです。

> **対外政策に追われていた神聖ローマ皇帝は
> ルター派を容認**

カルヴァンの宗教改革

　ルターの宗教改革はドイツ国内にとどまらず、ヨーロッパ中を席巻しました。とくにスイスではカルヴァン派が登場し、ルター派の勢力を大きくしのぐほどになります。カルヴァン（1509〜64年）は、迫害を受けたためにフランスからスイスに亡命した人物です。

> **「人が救済されるかはあらかじめ神によって
> 決められている」**

という予定説を唱え、神に対して忠実に生きることが大

第3章　近代　　165

切であると説きました。また、規律正しく勤勉な生活を送った結果得られたお金は神から与えられた富であるとし、蓄財を認めました。旧来のキリスト教ではお金を貯め込むことが罪悪だと考えられていましたから、この考えは主に商工業者の支持を集めるようになりました。

カルヴァンの宗教改革は西ヨーロッパに広く浸透し、フランスではユグノー、イギリスではピューリタン（清教徒）、オランダではゴイセン、スコットランドではプレスビテリアンと呼ばれました。

カルヴァンの教えは商工業者に受け入れられる

フランスではユグノー戦争が勃発

一方、宗教改革の波はカトリック教国であったフランスにも押し寄せました。次第に勢力を増すユグノーとカトリック派の対立は日増しに強まり、やがてそれは貴族間の党派争いと結びついてユグノー戦争（1562～98年）へと発展。政治は大混乱に陥りました。

そうした状況下、シャルル9世（在位：1560～74年）の母后で摂政のカトリーヌ・ド・メディシス（1519～89年）は、国内の混乱を収拾させるべく、娘のマルグリット（1553～1615年）をユグノーのブルボン家ナヴァル公アンリ（のちのフランス王アンリ4世、在位：1589～1610年）に嫁がせました。カトリックとユグノーの融和を図ったのです。

ところが、ユグノーの指導者コリニー（1519～72年）の

暗躍により、カトリック教国のスペインがユグノー戦争に介入。国家をまたぐ宗教戦争へと発展し、事態は収拾がつかなくなってしまいました。

これに激怒したカトリーヌはコリニーの殺害を企てましたが、失敗に終わってしまいます。そこでカトリーヌは、ユグノー側から反撃される前に先手を打つことにしました。1572年8月24日、マルグリットとアンリの結婚を祝うためにパリに集まっていたユグノー派の殺害を強行したのです。これを、

サン・バルテルミの虐殺

といいます。

1589年、ナヴァル公アンリがアンリ4世として即位し、フランス王家はヴァロワ朝からブルボン朝へと変わりました。

ですが彼はユグノーであったため、カトリック側はこれを認めず、依然として抗争は続けられました。この状況を収めるため、アンリ4世はある決断をします。

カトリックへの改宗

です。これであれば、カトリック側も文句はいえませんね。それに加えて1598年にはナントの勅令を発し、ユグノーの信仰の自由を認めました。

こうしてアンリ4世のもと、30年以上にも及んだユグノー戦争に幕が下りることになりました。

イギリスの宗教改革

　イギリスにおける宗教改革は他国とは異なり、国王自らが主導したという特徴があります。その国王の名をヘンリ8世（在位：1509〜47年）といいます。

　当時、ヘンリ8世はスペイン出身のキャサリン（1487〜1536年）を后としていました。しかし2人の間には男子がなかったことから、ヘンリ8世は彼女と離婚し、侍女アン・ブーリン（1507頃〜1536年）を新しい后として迎え入れようとします。

　ですがカトリックは原則として離婚を禁じているため、ローマ教皇はこれを認めませんでした。ちなみにその背景には、ルター派に対抗するためカトリック教国であったスペインの後ろ盾を失うわけにはいかなかったという事情もありました。

　そこでヘンリ8世は1534年に首長法を定めると、イギリス国教会を立ち上げ、国王が教会の首長をつとめることを宣言しました。また、イギリス国内の修道院を廃止したり、土地を没収したりと、カトリック勢力に対する弾圧を強めていきました。

　その後もイギリスでは宗教上のゴタゴタが続きます。ヘンリ8世の跡を継いだエドワード6世（在位：1547〜53年）はカルヴァン派、つまりプロテスタントを信仰し、その次のメアリ1世（在位：1553〜58年）はカトリック教国の復活を企ててカトリック以外の宗派の大弾圧を行ないました。

こうした国内の宗教対立を収束させたのが、1558年に即位したエリザベス1世（在位：1558〜1603年）でした。彼女はエドワード6世、メアリ1世のような過ちは犯さず、中立の立場を貫くことで国民の支持を得ます。さらに1559年には第3回統一法を制定し、カトリックとの妥協を図りながらイギリス国教会を確立。ここに、イギリスにおける宗教対立も一応の終わりを迎えることになりました。

> **イギリスでは国王自らが宗教改革を主導した**

ローマ・カトリック教会の巻き返し

　さて、宗教改革の結果、困ったのはローマ・カトリック教会です。中世まではローマ教皇を頂点とするキリスト教社会が形成されていましたが、いまや国家や諸侯の教皇離れが深刻な状況に陥っていました。

　そこでローマ・カトリック教会は、カトリックの基盤をアジアに広げ、勢力の挽回を図りました。このときに活躍したのが、イエズス会です。1549年にはイエズス会士のフランシスコ・ザビエル（1506頃〜52年）がはるか日本にまで布教に訪れますが、その背景には宗教改革があったというわけです。

> **イエズス界宣教師が東アジアへ派遣されたのは**
> **キリスト教世界の勢力挽回を図るため**

第3章　近代　169

主権国家体制の確立

16〜17世紀

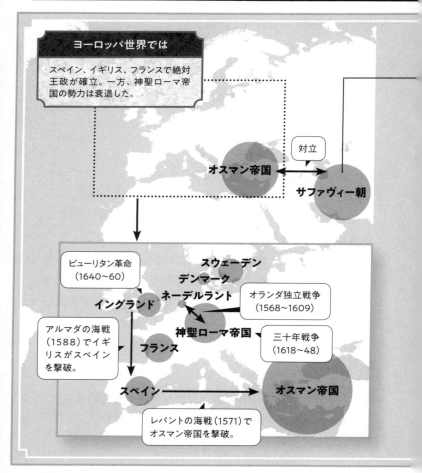

> **時代の概観**
> - オランダがスペインから独立
> - イギリスでは名誉革命が勃発
> - 中国では明が滅亡し、清が勃興

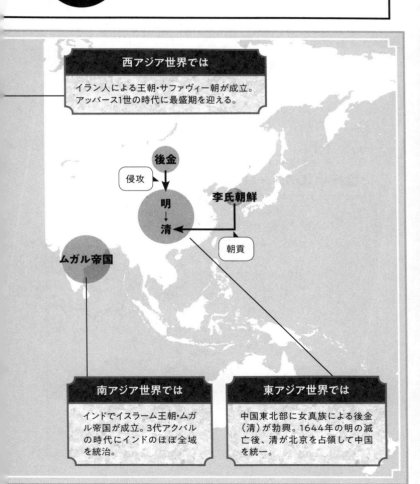

西アジア世界では

イラン人による王朝・サファヴィー朝が成立。アッバース1世の時代に最盛期を迎える。

後金 → 侵攻 → 明→清 ← 朝貢 ← 李氏朝鮮

ムガル帝国

南アジア世界では

インドでイスラーム王朝・ムガル帝国が成立。3代アクバルの時代にインドのほぼ全域を統治。

東アジア世界では

中国東北部に女真族による後金(清)が勃興。1644年の明の滅亡後、清が北京を占領して中国を統一。

第3章 近代 171

太陽の沈まぬ国・スペイン

 大航海時代、宗教改革を経て、ヨーロッパ世界では中世以来の封建制度が崩壊し、国王を頂点とした中央集権化が進展します。王の拠り所となったのは、王権は神から授けられたものであり、その権威は絶対にして不可侵であるとする政治思想でした。これを王権神授説といいます。各国の王はこの思想に基づき、行政や司法、軍事権を掌握していきました。こうした王による専制政治を、

絶対王政（絶対主義）

といいます。

16世紀半ばのヨーロッパ情勢

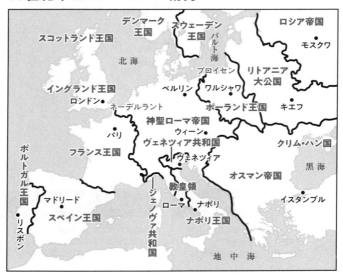

まず台頭した絶対王政国家は、大航海時代で莫大な富を得たハプスブルク朝スペインでした。

　ハプスブルク家といえば、1438年以来、神聖ローマ皇帝を世襲してきた一族です。本領はオーストリアにありましたが、婚姻関係を通じて領域を拡大。15世紀後半にはフランスのブルゴーニュ公領やネーデルラントを獲得し、ヨーロッパ世界における一大勢力へと発展を遂げました。やがて1496年にはフィリップ（1478～1506年）がスペイン王の娘フアナ（1479～1555年）と結婚。1516年、2人の間に産まれたカルロス1世（在位：1516～56年）がスペイン王として即位し、ハプスブルク朝スペインが誕生しました。1519年には神聖ローマ皇帝も兼任しています（カール5世）。このあと、ハプスブルク朝スペインはフランス国王ルイ14世の孫にあたるフェリペ5世（在位：1700～24、24～46年）が即位する1700年まで栄華を誇ることになります。

ハプスブルク家は婚姻政策により勢力を拡大した

　さてこの時代、圧倒的な軍事力を誇っていたのはオスマン帝国でした。1453年にビザンツ帝国を滅ぼして以降も盛んに勢力を拡大し、1514年にはシリア、メソポタミア、1526年にはハンガリーにまで支配領域を広げていました。

　1538年、カルロス1世は地中海の覇権を巡り、ヴェネツィア、ローマ教皇軍とともにオスマン帝国に戦いを挑

第3章　近代　173

みます（プレヴェザの海戦）。しかし敗北し、地中海の制海権をオスマン帝国に奪われてしまいました。

　その後、スペインは雌伏の時を余儀なくされますが、カルロス1世の跡を継いで即位したフェリペ2世（在位：1556〜98年）の時代に全盛期を現出しました。

　フェリペ2世の即位に際し、ハプスブルク朝スペインはオーストリア本家と分立。オーストリア本家を継いだのはカール5世の弟・フェルディナントで、神聖ローマ皇帝フェルディナント1世（在位：1556〜64年）となりました。

　一方、フェリペ2世はネーデルラントや南イタリアを受け継ぎ、植民地となったアメリカやフィリピンなどを含めた大帝国を築き上げます。

　いよいよ、宿敵オスマン帝国に報復する時が訪れました。1571年、ギリシア西岸のレパント沖でスペイン・ローマ教皇・ヴェネツィア連合軍とオスマン帝国軍が激突します（レパントの海戦）。そしてオスマン帝国軍を見事退け、その軍事力を世界に知らしめたのでした。

　1580年にはポルトガルの王位継承争いに介入し、母がポルトガル王女であることを理由としてポルトガルの領土を継承することに成功します。こうしてスペインはアジア交易の主導権も握ることになり、「太陽の沈まぬ国」と呼ばれるほどの栄華を極めたのでした。

スペインはフェリペ2世の時代に絶対王政を確立

スペインの没落

　しかし、それから間もなくしてスペインは没落することになります。その一翼を担ったのは、オランダ（ネーデルラント）独立戦争（1568～1609年）でした。

　当時、スペインの経済を支えていたのはネーデルラント地方でした。南部（現・ベルギー）のフランドル地方は毛織物工業で栄え、北部（現・オランダ）は毛織物の輸出で発展した地域です。やがてこれらの都市に交易の富が蓄積されていくと、フェリペ2世はそれを回収するために重税を課しました。

　また、カトリック教徒であったフェリペ2世は「カトリック・ヨーロッパ」の再興を掲げていたため、カルヴァン派のプロテスタント（ゴイセン）が多く存在したネーデルラントの現状を許すことはできなかった。そこでカトリックも強制したのです。

　こうしたフェリペ2世の横暴にたまりかね、1568年、ついにネーデルラントの人々が立ち上がります（オランダ独立戦争）。スペイン本国との激しい戦いが繰り広げられる中、南部10州は1579年にスペインに帰順します。しかし北部7州はユトレヒト同盟を締結し、オラニエ公ウィレム（1533～84年）のもと抵抗を続けました。そして1581年、ついにネーデルラント連邦共和国の独立を宣言したのでした。

　スペインは当然これを認めませんでしたが、なんとイギリスのエリザベス1世がネーデルラント連邦共和国の

第3章　近代　　175

独立を支持。大西洋における海賊行為を公認し、スペインの輸送船を次々と襲わせました。

　スペインにとって、これは大きな打撃となりました。フェリペ2世は、ただちにイギリス征討を決断。1588年、大艦隊をイギリスに向けて送り込みましたが、あろうことかイギリス艦隊に敗北を喫してしまいます（アルマダの海戦）。こうして、「太陽の沈まぬ国」スペインの威信は地に堕ちることとなりました。スペインの衰退は著しく、1609年にはネーデルラントと休戦条約を締結します。これにより、ネーデルラントは事実上の独立を勝ち取りました。そして1648年のウェストファリア条約により、独立が国際的に承認されることになりました。

　その後、ネーデルラントは1602年に設立した東インド会社を拠点として南アフリカ、セイロン、ジャワ島などに植民地を得、アジア貿易で大いに繁栄を遂げることになりました。

イギリスの絶対王政

　スペインの衰退に伴って世界に台頭したのは、イギリスでした。アルマダの海戦でスペインを撃ち破った女王エリザベス1世のもと、イギリスは全盛期を迎えます。

　さて、新世界からもたらされた大量の銀がヨーロッパに価格革命を起こしたのは160ページで説明しましたね。これによって物価が高騰すると、イギリスでは工業化が進展し、フランドル地方と競合する形で北海沿岸域が毛

織物工業の中心として発展しました。また、もともと穀物の生産には適さない地域でしたから、16世紀には「新世界」の出現を背景として穀物生産を廃止。領主や地主が農民から農地を取り上げて牧場に変えるという囲い込み（エンクロージャー）が進行し、毛織物の輸出が盛んに行なわれるようになりました。

そうした状況下、イギリスは世界に新たな輸出先を求めるようになり、1600年、東インド会社を設立。対アジア貿易を行ない、巨大な資本を蓄積しました。のち、これが産業革命（→P202）へとつながっていきます。

イギリスではエリザベス1世の時代に絶対王政を確立

ピューリタン革命の勃発

しかし、エリザベス1世没後の17世紀、イギリスは危機に見舞われることになります。

1603年、彼女の跡を継いで即位したのは、スコットランド王でステュアート家のジェームズ6世（在位：1567〜1625年）でした。イギリス王としてはジェームズ1世（在位：1603〜25年）です。以降、1707年にグレートブリテン王国が成立するまで、イギリス王がイギリスとスコットランド両国を統治するという時代が続きます。

ジェームズ1世、また、その子のチャールズ1世（在位：1625〜49年）は、王権神授説に則った政治を全面的に打ち出しました。議会の同意を得ずして課税するなど、強

第3章　近代　177

引に政治を進めていったわけです。そこで1628年、議会は権利の誓願を可決し、議会の同意なき課税、法律に基づかない不当な逮捕・拘束などの禁止をチャールズ1世に突きつけました。しかしチャールズ1世はこれを無視し、1629年に議会を解散させます。

ところが1639年、チャールズ1世を慌てさせる事件が勃発します。スコットランドの反乱です。原因は、チャールズ1世がイギリス国教会を強制したことにありました。当時のスコットランドはカルヴァン派（プレスビテリアン）が多数を占めていたため、宗教上の統一を図ろうとしたところ、反発が起こったというわけです。

反乱を鎮圧する戦費を調達するため、1640年、チャールズ1世はじつに11年振りに議会を開きました。ですが、議会はチャールズ1世の意見を認めず、絶対王政を諫める「大諫奏」を提出します。

チャールズ1世は怒り、当然のように議会を弾圧します。そして1642年、国内は王党派と議会派とに二分され、ついに武力衝突へと発展したのでした。議会派のピューリタンが革命の主導権を握ったことから、

ピューリタン革命

と呼ばれます。戦いがはじまると、議会派も複数の派閥に分裂することになります。立憲君主制を目指す穏健な長老派、共和政を主張した独立派などです。

戦況は当初、王党派が優勢でしたが、1645年、鉄騎

隊を率いた独立派のオリヴァー・クロムウェル（1599
～1658年）がネーズビーの戦いで王党派を破ると、以降、
議会派が戦いを優位に進め、1649年、ついにチャールズ
１世は処刑されることになりました。

　チャールズ１世の死後、クロムウェルは共和政権を
樹立し、自らは護国卿として実権を一手に握りました。
ですが、やがてその体制に反発する者らが現われるよう
になり、クロムウェルの死後、再び王政に戻そうとする
動きが起こります。そして1660年、フランスに亡命して
いたチャールズ１世の子が迎え入れられ、チャールズ２
世（在位：1660～85年）として即位しました。これを王政
復古といいます。しかし議会が求めていたのは、

絶対王政ではなく、あくまでも議会主権体制の確立

にありました。

　そのためチャールズ２世、そして次のジェームズ２世
（在位：1685～88年）が絶対王政にこだわると、議会はこ
れに反発。1689年にはジェームズ２世を追放し、代わっ
てジェームズ２世の長女メアリ２世（在位：1689～94年）
とその夫オラニエ公ウィレム（ウィリアム３世、在位：1689
～1702年）をオランダから迎え、イギリス王として即位
させました。これを名誉革命といいます。このとき、議
会は権利の章典を制定しました。立法や財政、軍事など
は議会の意志に基づいて決定されるというものです。こ
れによって議会の権限が王権に優越することが確定され、

第３章　近代　179

ここに議会主権に基づく立憲王政が確立されたのでした。

> ## 名誉革命により、イギリスは
> ## 絶対王政から立憲王政へ移行

フランスの絶対王政

　今度はフランスの絶対王政について見ていきましょう。30年以上にも及ぶユグノー戦争を収め、フランスに安泰をもたらしたのはブルボン朝の始祖・アンリ4世でしたね（→P167）。ユグノー戦争の結果、フランス国内では貴族勢力が没落し、結果として王の権力が強まることとなりました。

> ## フランスは、アンリ4世のもと、絶対王政の時を迎える

　しかし1610年、アンリ4世はカトリック教徒に暗殺されてしまいます。その跡を継いだのは、長子のルイ13世（在位：1610〜43年）でした。

　ルイ13世は枢機卿リシュリュー（1585〜1642年）を宰相として重用すると、地方に王直属の官僚を派遣したり、地方貴族の軍隊を解体したり、はては身分制議会である三部会を開かなかったりと、王権を強化する政策を次々と行ないました。そして17世紀半ばにはドイツで勃発した三十年戦争（→P182）に介入し、旧教国でありながらも新教徒に加担します。目的は、ハプスブルク家の勢力の弱体化にありました。

続くルイ14世（在位：1643〜1715年）の時代にも、リシュリューの政策を受け継いだ宰相マゼラン（1602〜61年）のもと、王権の伸張が図られました。そしてマゼランの死後、親政を行なったルイ14世は財務総監コルベール（1619〜83年）の重商主義政策を推し進め、1664年に東インド会社を再建。また保護関税を儲けて国内の産業を保護する一方、王立マニュファクチュア（工場制手工業）を創設して毛織物やゴブラン織など輸出用の商品を生産させ、アジア貿易に力を入れました。こうしてフランスは絶対王政の全盛期を迎え、ルイ14世は「太陽王」と称されるほどの栄光を手にしました。

神聖ローマ帝国の衰退

　このように、17世紀はイギリスをはじめ、フランスやオランダなど西ヨーロッパ諸国が台頭する時代でもありました。一方、ローマ教皇のもと、それまで「西ローマ帝国」の権威を誇示してきた神聖ローマ帝国の勢力は衰退の一途をたどることになります。その発端は、やはりカトリックとプロテスタントによる抗争にありました。1555年に結ばれたアウグスブルクの宗教和議によってルター派の信仰は認められましたが、個人の信教の自由を認めたわけではなかったので、その後も宗教対立は続きました。そうした状況下の1617年、神聖ローマ皇帝フェルディナント１世の孫でハプスブルク家のフェルディナントがオーストリアの属領ベーメン（ボヘミア、現在のチェ

コ）の王として即位します。

　フェルディナントはカトリック教徒であり、ベーメン
の民にもカトリックへの改宗を強制しました。当然、プ
ロテスタントは、フェルディナントへの不満を募らせま
す。そして1618年、ついに彼らの怒りが爆発。ここに、
三十年戦争が勃発しました。

　翌年、フェルディナントは神聖ローマ皇帝フェルディ
ナント２世（在位：1619〜37年）として即位したため、戦
いはベーメンのプロテスタント諸侯がカトリックの神聖
ローマ帝国に立ち向かうという構図となります。そして
1623年、神聖ローマ帝国軍がベーメン軍を鎮圧しました。
ところが、戦いは終わりませんでした。なんとハプスブ
ルク家に対抗する諸国がこの戦争に介入してきたのです。
プロテスタント国のデンマークやスウェーデン、そして
カトリック国のフランスがベーメン側に立ち、一方、ス
ペインはハプスブルク家を支持しました。こうして事態
は、国際戦争へと発展したのでした。

　結局決着はつかず、1648年、ウェストファリア条約の
締結をもって戦いは終結しました。これにより、ドイツ
の約300の諸侯の主権が承認され、

神聖ローマ帝国は様々な主権国家が集まる連合体

へと成り果てました。神聖ローマ皇帝の支配権もオース
トリアやベーメンなどわずかな領土に及ぶにとどまり、
皇帝の権威は消滅することになります。

インドではムガル帝国が登場

ヨーロッパが激動の時代を迎えた16世紀、インドでは最後のイスラーム王朝であるムガル帝国（1526〜1858年）が成立しました。建国の祖は、かつて中央アジアに覇を唱えたティムール帝国の末裔バーブル（在位：1526〜30年）です。

第3代アクバル（在位1556〜1605年）の時代には、インドのほぼ全域を支配下に置きました。アクバルは治世の安定を図るため、国民にイスラーム教への改宗を強制せ

ムガル帝国の勃興

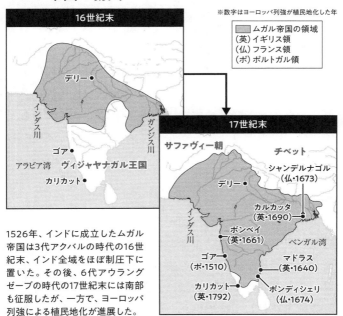

1526年、インドに成立したムガル帝国は3代アクバルの時代の16世紀末、インド全域をほぼ制圧下に置いた。その後、6代アウラングゼーブの時代の17世紀末には南部も征服したが、一方で、ヨーロッパ列強による植民地化が進展した。

ず、またそれまで非イスラーム教徒に課せられていた
ジズヤを廃止しました。こうした融和政策が功を奏し、
ムガル帝国は19世紀まで長期政権を築きます。第5代
シャー・ジャハーン（在位：1628〜58年）の時代にはイスラー
ム文化とヒンドゥー文化が融合したインド・イスラーム
文化が生み出されました。世界遺産タージ・マハルがそ
の代表的な建造物です。

イランでは伝統王朝が成立

　16世紀にはイランでも安定したイスラーム政権が登場
することになります。ササン朝ペルシア以来となるイ
ラン人の伝統的王朝サファヴィー朝（1501〜1736年）です。
建国者はシーア派の神秘主義教団・サファヴィー教団の
長イスマーイール（在位：1501〜24年）。全盛期は第5代アッ
バース1世（在位：1587〜1629年）の時代に現出され、イ
ギリス東インド会社の支援のもと、オスマン帝国からイ
ラクを、ポルトガルからペルシア湾岸のホルムズ島の奪
還に成功しています。

中国では明が滅亡

　16世紀、ヨーロッパ諸国が大航海時代で活気づいてい
た頃、明でも国際交易が活発化しました。とくに南米や
メキシコで銀が採掘されるようになると、メキシコから
マニラを中継して明に大量に流入することになりました。
その見返りとして輸出されたのは、絹や陶磁器などでし

た。当時、これらの品々はヨーロッパで高値で取引され
ましたから、スペインやポルトガルなどはせっせと明に
銀を運んだというわけです。

　やがて、明国内では地方の農村にまで銀が浸透するよ
うになります。16世紀後半には、地税と丁税をすべて銀
で納入させる一条鞭法が導入されました。

　しかし16世紀末、日本の豊臣秀吉が朝鮮への侵攻を開
始します。明はただちにこれを鎮めるべく軍を派遣しま
したが、国内でもボハイの乱（1592年）や楊応竜の乱（1597
〜1600年）など少数民族の反乱が続発。膨大な戦費が重
なり、明の財政は窮迫しました。

　一方、この混乱に乗じて、中国東北部ではヌルハチ（在
位：1616〜26年）のもと女真族の統一が進み、1616年、後
金国が興りました。2代ホンタイジ（在位：1626〜43年）
の時代にはチャハル部（内モンゴル）を制圧し、国名を大
清と改称します。1637年には朝鮮半島に侵攻し、李氏朝
鮮を服属させました。

　明にとって最大の強敵の出現です。しかし明はもはや
国内の反乱を鎮める力もなく、1644年、李自成（1606〜
45年）率いる農民反乱軍によって滅ぼされてしまいまし
た。その後、旧明の将軍・呉三桂（1612〜78年）に導かれ
た清軍が李自成軍を追い払って北京を占領。3代順治
帝（在位：1643〜61年）が改めて北京で皇帝として即位し、
清が明に代わって中国を統一することを世に知らしめま
した。

第3章　近代　185

17~18世紀

外交革命の
時代

ヨーロッパ世界では

オーストリア継承戦争、七年戦争を制したプロイセンがドイツ諸邦でオーストリアと並ぶ勢力を築く。一方、ロシアがスウェーデンに代わって北欧の覇者へ。

アメリカ世界では

北米における植民地を巡り、イギリスとフランスとの間にフレンチ・インディアン戦争（1755～63）が勃発。勝利したイギリスが北米の主導権を得る。

北米植民地 — 英vs仏

西アジア世界では

不凍港を求めるロシアとオスマン帝国が激突し、ロシアがクリミア半島を獲得。

東・南アジア世界では

東南アジア植民地の覇権を巡り、イギリスとオランダが激突、オランダが勝利。インドではイギリスとフランスが激突。勝利したイギリスがインド経営を進める。

時代の概観

- 新興国家プロイセン、ロシアが世界に台頭
- ハプスブルク家とブルボン家が同盟を締結
- 植民地戦争はイギリスが勝利

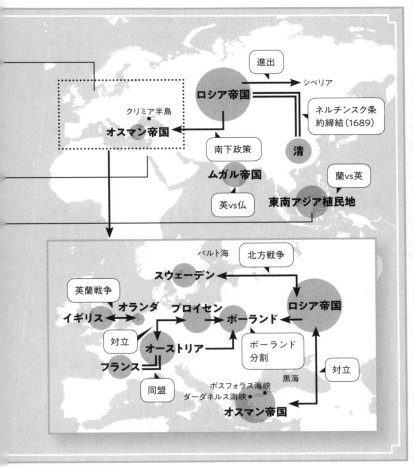

第3章 近代　187

プロイセンの台頭

　三十年戦争（→P182）後、ドイツの人口はじつに4分の1も減少したといいます。そうした中、比較的被害が少なかったドイツ東部でプロイセンが台頭します。

　プロイセンの起源は12世紀にまでさかのぼります。この頃、ドイツ人の東方植民活動が活発化し、エルベ川の東にブランデンブルク辺境伯領が建設されました。13世紀になると、ローマ・カトリック教会公認のドイツ騎士団により、バルト海沿岸にドイツ騎士団領プロイセンが建設されます。

　14世紀、ブランデンブルク辺境伯が選帝侯に序列されたことに伴い、その領土はブランデンブルク選帝侯国となり、15世紀にはドイツ人貴族ホーエンツォレルン家の支配下に置かれました。

　一方、16世紀、ドイツ騎士団はルター派に改宗します。これによってローマ・カトリック教会から離れることになったドイツ騎士団の世俗化が進み、ドイツ騎士団領プロイセンはプロイセン公国となりました。そして1618年、ブランデンブルク選帝侯国がプロイセン公国を併合し、ブランデンブルク・プロイセン公国が誕生しました。都はベルリンです。

　こうして成立したプロイセンが国際政治の表舞台に登場する契機となったのは、

スペイン継承戦争（1701～13年）

にありました。

　事の発端は、1700年にカルロス2世が亡くなり、ハプスブルク家スペインが断絶したことにあります。これに乗じ、フランス王ルイ14世は孫のアンジュー公フィリップ（フェリペ5世、在位：1700〜24、24〜46年）を、神聖ローマ皇帝レオポルト1世は次男カール大公（カール6世、在位：1711〜40年）をスペイン王の後継者に就けることを望みました。

　同年、カルロス2世の遺言でフェリペ5世がスペイン王として即位しますが、1701年、これを認めないオーストリアやイギリス、オランダなどがフランスに宣戦布告し、スペイン継承戦争が勃発しました。

　このとき、プロイセンは神聖ローマ帝国側に立ってフランスと戦いました。これがレオポルト1世に評価され、プロイセンは公国から王国への昇格が認められたのです。こうして時の選帝侯フリードリヒ3世は公爵から国王となり、プロイセン王国の初代王フリードリヒ1世（在位：1701〜13年）となりました。

スペイン継承戦争により、プロイセンは王国へと昇格

　さて、1713年のユトレヒト条約の締結により、スペイン継承戦争は終結を迎えます。結果、イギリスがフランスから北米のハドソン湾地方、ニューファンドランド、アカディア、スペインからジブラルタル、ミノルカ島を獲得しました。

第3章　近代　　189

プロイセンの絶対王政

　プロイセンで絶対王政が確立したのは、2代フリード
リヒ・ヴィルヘルム1世（在位：1713〜40年）の時代です。
彼はユンカーと呼ばれる領主層を軍や官僚の中心に据え
ることで官僚制度や軍隊を整備し、軍事国家としての基
盤を築きました。そしてその跡を継いだフリードリヒ2
世（大王、在位：1740〜86年）の時代にプロイセンは全盛
期を迎えました。

　自らを「国家第一の下僕」と称したフリードリヒ2世
は、即位まもなくして対外戦争に乗り出します。まずは
オーストリア継承戦争（1740〜48年）です。

　1740年、神聖ローマ皇帝カール6世が死亡し、オース
トリア・ハプスブルク家の家督は娘のマリア・テレジア
（在位：1740〜80年）が継承しました。

　もともとハプスブルク家では家督相続権を男子にしか
認めていませんでした。ですがカール6世は男子に恵ま
れなかったため、1724年、家督継承法を制定。女子でも
家督を告げるようにルールを改訂しました。

　しかし、フリードリヒ2世をはじめ列国の王は女子の
相続に反対し、オーストリアへ軍を派遣しました。同じ
ブルボン家が治めるスペイン、フランスはプロイセン側
に立ちます。イギリスは植民地を巡ってフランスと対立
していたためオーストリアを支援しました。戦争の結果、
プロイセンは勝利を収め、1748年、アーヘンの和約で鉱
山資源が豊かなシュレジエン地方を確保します。

一方、和約でマリア・テレジアの継承権は認められましたが、戦争中の1745年に夫フランツ1世（在位：1745〜65年）が神聖ローマ皇帝となったため、神聖ローマ帝国は夫妻の共同統治となりました。また、これ以降も神聖ローマ皇帝はハプスブルク家が世襲していくことになりました。つまり、実質はオーストリアの大勝といえます。

七年戦争の勃発

　さて、こうして領土の拡張に成功したプロイセンでしたが、マリア・テレジアは領土の奪還に執念の炎を燃やします。もはや手段を選んでいる場合ではない。そう考えた彼女は、なんと200年以上も対立を続けていたフランスと同盟を結ぶことを決します。これを、

外交革命

といいます。娘マリ・アントワネット（1755〜93年）がフランスの次期国王ルイ16世（在位：1774〜92年）に嫁いだのはこのときのことです。さらには、ロシアの女帝エリザヴェータ（在位：1741〜62年）とも手を結び、プロイセン包囲網を形成していきました。

プロイセンの台頭がブルボン家とハプスブルク家を結びつける

　一方のフリードリヒ2世は、1756年、イギリスとウェストミンスター条約を締結し、友好関係を築きます。こ

第3章　近代　191

のときのイギリス王ジョージ2世（在位：1727〜60年）は
ドイツ人であり、プロイセンと西で境を接していたハ
ノーヴァーに領地を持っていました。自領の安全を図る
ためにプロイセンとの同盟を選択したんですね。

　こうして1756年、七年戦争（〜63年）が勃発しました。
戦いは、当初プロイセンが劣勢を強いられました。頼り
にしていたイギリスが北米でフレンチ・インディアン戦
争（1755〜63年）、インドでプラッシーの戦い（1757年）と
フランスとの間に植民地を巡る争いを繰り広げていたた
めです。しかし1762年、ロシアでエリザヴェータが没
し、フリードリヒ2世を敬愛してやまなかったピョート
ル3世（在位：1762年）が即位すると、ロシアはプロイセ
ンと和して戦線から離脱。その後はプロイセンが戦いを
優位に運び、1763年、オーストリアとフベルトゥスブル
ク条約を結んでシュレジエンの領有を確定したのでした。
結果、プロイセンはドイツで確固たる地位を築いたほか、
ヨーロッパの強国の一翼を担うまでになりました。

> **2つの戦争を経て、
> プロイセンはヨーロッパ世界に台頭**

ロシアの台頭

　次に、ロシアの台頭を見ていきましょう。

　13世紀のモンゴル帝国の侵攻により、ロシアは15世紀
までモンゴル勢力下に置かれましたが、1480年、モスク

ワ大公国のイヴァン 3 世（在位：1462〜1505年）がキプチャク・ハン国を退け、東北ロシアの統一に成功。ここに、ロシアは独立国家としての道を歩みはじめることになりました。イヴァン 3 世は旧ビザンツ帝国の皇女を妻とすると、自らを旧ビザンツ皇帝の後継者であると主張します。ツァーリ（皇帝）の称号が使われはじめたのもこの時代のことです。

　その後、16世紀のイヴァン 4 世（雷帝、在位：1533〜84年）の時代にモスクワ大公国は最大領域を現出します。イヴァン 4 世はまず、貴族層の土地所有の制限や農奴制の強化、皇帝直属の軍隊の創出などといった政策を次々と打ち出し、中央集権体制を確立しました。こうしてツァーリの権威を高める一方で対外遠征に着手し、ヴォルガ川沿いのカザン・ハン国やウラル山麓のシビル・ハン国などを征服。さらにコサックの首長イェルマーク（？〜1585年）が占領したシベリアの一部を奪い、アジア世界にもその牙をむけました。

　しかしイヴァン 4 世の死後、強大な力を持ったツァーリは現われず、宮廷では内紛が勃発します。一方、外ではポーランドやスウェーデンがこの機にロシアへの進出を企てました。もはや内で争っている場合ではありません。貴族や聖職者らは結束して外敵を追い払うと、1613年、全国会議を開き、ミハイル・ロマノフ（在位：1613〜45年）を新たなツァーリとして擁立しました。ここに、ロマノフ朝（1613〜1917年）がはじまりました。

第 3 章　近代　193

不凍港を求めるロシア

　ロマノフ朝では、ピョートル1世（大帝、在位：1682〜1725年）の時代にツァーリズム（絶対主義）が確立されます。ピョートル1世はロシアの近代化を進めるため、自ら西ヨーロッパに出向いたことでも知られます。そして西欧を模範とした国づくりを行ないました。

　一方、ピョートル1世は国力を高めるためには海外交易が不可欠だと考えました。そこでピョートル1世は交易港を得るべく、積極的な領土拡張政策を行ないます。東ではシベリア経営を進め、1689年に中国・清朝とネルチンスク条約を締結、国境を定めます。また南ではオスマン帝国を圧迫し、黒海の北に広がるアゾフ海へと進出しました。

　そして西では、西ヨーロッパ諸国との連絡路となるバルト海を確保すべく、ポーランド、デンマークと連合してスウェーデンと激突（北方戦争、1700〜21年）。見事、バルト海の制海権を得ることに成功しました。

北方戦争の結果、ロシアが北欧の覇者となる

　こうして待望の交易港を得たロシアでしたが、バルト海沿岸部の港には欠点がありました。冬になると海が凍り、船が出せなくなってしまうのです。以降、

不凍港の獲得はロシアの悲願

となりました。このピョートル1世の事業を受け継いだ

のが、18世紀後半に登場する女帝エカチェリーナ2世（在位：1762〜96年）です。

エカチェリーナ2世も不凍港を求め、積極的に南下政策を展開します。南では幾度となくオスマン帝国と戦いを繰り広げました。この頃にはオスマン帝国はすっかり衰退していましたから、ロシアの敵ではありません。結果、オスマン帝国に臣従していたクリム・ハン国を滅ぼし、ロシアは黒海に面したクリミア半島を獲得しました。

さらには、ロシア商船が黒海とマルマラ海を結ぶボスフォラス海峡、マルマラ海とエーゲ海を結ぶダーダネルス海峡を自由に通交できる権利を認めさせました。これにより、ロシアは黒海から地中海、さらには大西洋へと至る念願の交易ルートを手に入れたのでした。

また、オスマン帝国領内に住むギリシア正教徒の保護権を得たことも、ロシアにとっては大きな収穫でした。のちロシアはバルカン半島へ進出するため、オスマン帝国との間にクリミア戦争（1853〜56年）を起こしますが、その大義名分となったためです（→P246）。

ポーランドの分割

こうして念願の不凍港を手に入れたエカチェリーナ2世でしたが、対外遠征はまだ終わらず、今度はポーランドがその標的となりました。

ポーランドでは1572年にヤゲウォ朝が断絶したのち、選挙によって王を選出するという選挙王制がとられてい

ました。王を輩出した家は栄華に預かれることから、選挙のたびに貴族同士がいさかいを起こし、結果的に国は弱体化の一途をたどっていました。

エカチェリーナ2世はそうしたポーランド情勢につけこんだわけですね。そこで、同じく領土の拡大を企図していたプロイセンのフリードリヒ2世、オーストリアのヨーゼフ2世（在位：1765〜90年）とともに3回にわたってポーランドの分割を進めました。1回目は1772年、2回目は1793年、3回目は1795年です。こうしてポーランドは完全に消滅してしまいました。ポーランドが独立国家として復活するのは、第一次世界大戦後の1918年のことです。

ちなみに、2回目の分割のときにはオーストリアは参加していません。このとき、フランスではフランス革命（1789〜99年、P210）が起こっていました。時の神聖ローマ皇帝フランツ2世（オーストリア皇帝フランツ1世、在位：1792〜1806年）はこの革命に介入しましたが、1792年、フランス革命政権に宣戦布告されたため（フランス革命戦争）、ポーランド分割にまで手が回らなかったのです。

植民地戦争の勃発

さて、17〜18世紀にかけて植民地を巡る抗争も激化しました。17世紀前半、まず対アジア貿易で覇権を握ったのはオランダです。1602年に国営貿易を一手に担う東インド会社を設立すると、1619年、ジャワ島にバタヴィア

196

ポーランド分割

18世紀、ポーランドはロシア、オーストリア、プロイセンの3国によって分割されてしまい、一時、消滅を余儀なくされた。

（現・ジャカルタ）を建設。ここを拠点としてアジア経営を進めていきました。

1623年にはアンボイナ事件を起こしてイギリス勢力を排除すると、モルッカ（香料）諸島の支配権を確立。1624年には台湾を征服し、またポルトガルから1641年にマラッカ、1658年にセイロンを奪い、香辛料貿易で大いに繁栄を遂げました。

一方、アメリカ経営にも乗り出し、1621年に西インド会社を設立すると、1625年、北アメリカにニューアムステルダムを建設しています。こうしてオランダは、17世紀前半には世界最大の商業国家となりました。

しかし、その栄華は長続きはしませんでした。その原因のひとつとなったのは、香辛料です。香辛料価格の下落により、貿易による利益が減少してしまったのです。また、イギリスが1651年に発布した航海法もオランダの衰退を促しました。これはイギリス、もしくはその植民地に輸入される商品はイギリス船か原産国の船でのみ輸送を認めるという法律です。中継貿易で繁栄していたオランダを排除すべく公布されたのです。

　こうして1652年、オランダはイギリスに戦いを挑みました（第一次英蘭戦争、～54年）が、敗北。1665年には第二次英蘭戦争（～67年）が勃発しますが、結果、ニューアムステルダムはイギリスの領土となり、ニューヨークと改称されました。

英仏植民地戦争の勃発

　こうしてオランダが衰退すると、イギリスは次にフランスと対立を深めていくことになります。

　アンボイナ事件後、東南アジアの利権を失ったイギリスはインド経営に注力します。カルカッタ、マドラス、ボンベイに拠点を置き、インドの伝統的な綿織物を中心とした交易を行ないました。当時のヨーロッパでは毛織物に代わって綿織物が人気を博していたためです。

　一方、フランスもシャンデルナゴル、ポンディシェリに拠点を置き、イギリスに対抗しました。

　このとき、インドに勃興していたのはムガル帝国です。

両国ともムガル皇帝に近づくことでインド経営を優位に進めようと試みましたが、1707年にムガル帝国6代アウラングゼーブ（在位：1658〜1707年）が没すると、インドを取り巻く情勢が一変。各地で地方豪族による反乱が相次いで勃発するようになりました。

　これを契機とし、イギリスとフランスは地方豪族に近づき、勢力争いを展開します。1744年には、オーストリア継承戦争と連動する形で第1次カーナティック戦争（〜48年）が勃発。フランスのインド総督デュプレクス（1697〜1763年）率いるフランス軍がイギリス軍を破りました。結果、フランスがマドラスを獲得しましたが、1748年に締結されたアーヘンの和約でマドラスはイギリスに返還されます。その後も争いは続き、1757年には七年戦争に連動する形でプラッシーの戦いが勃発しました。

　同時期に、北米でもフレンチ・インディアン戦争が起こります。オランダからニューヨークを得たイギリスでしたが、その西ではフランスがミシシッピ川の東西にかけて広大な植民地ルイジアナを有していたためです。

　こうして七年戦争と同時進行で英仏の植民地戦争がインド、そして北米で繰り広げられましたが、どちらの戦いもイギリスの勝利に終わり、イギリスがインド、そして北アメリカ支配の主導権を握ることになりました。

フランスとの植民地戦争に勝利したイギリスが世界の覇権を握る

第3章　近代　199

18~19世紀

産業革命と民族運動の時代

アメリカ世界では

イギリスからの支配を脱すべく、アメリカ独立戦争（1775~1783）が勃発。1783年、独立が承認される。

フランス、スペイン、オランダが独立を支援。

→ **アメリカ13植民地**

綿花、砂糖、煙草などを輸出。

カリブ海域

三角貿易

黒人奴隷などを輸出。

ヨークタウンの戦いでの植民地軍の勝利により、アメリカ独立戦争は事実上、終結。アメリカがイギリスからの独立を勝ち取った。

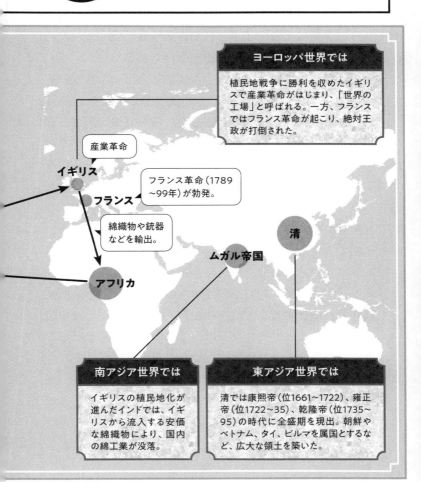

第3章 近代

イギリスではじまった産業革命

　18世紀に入ると植民地抗争も終焉を迎え、勝利を収めたイギリスが世界の覇権を握ることになります。すると、人類史に大きな変化をもたらすことになる出来事がイギリスではじまることになりました。産業革命です。では、世界に先駆けてなぜイギリスで産業革命がはじまったのでしょうか。主に３つの理由が挙げられます。

　１つ目は、農村部で進展した農業革命です。17世紀以降、イギリスではノーフォーク農法（四輪作法）という新しい農業技術が導入されました。同一耕地で大麦、クローバー、小麦、カブを４年周期で栽培するというものです。このうちクローバーとカブは人間が食べるというよりも肥料としての役割が期待されました。クローバーとカブを間に挟むと大麦や小麦がすくすくと成長することを見つけたのです。これにより農作物の生産性が大いに高まりました。またクローバーとカブは冬期の家畜のエサにもなったので、酪農や畜産も盛んとなりました。

　こうして農業に利益が期待できるようになると、農業経営者が増加することになります。ただ新農法を大規模に行なうとなるとそれなりの大きさの土地が必要となるため、今度は土地の集約が行なわれるようになりました。農民を追い出し、それまで農民に貸していた耕作地（保有地）や共有地、休耕地を柵で囲ってひとつにまとめたのです。これを第２次囲い込みといいます。

　これによって多くの農民は土地を失うことになりまし

たが、彼らが仕事を求めて都市に流入したことで、工業化を支える労働力が培われることになります。

2つ目は資本の蓄積です。16世紀以来、イギリスは羊毛と毛織物産業を中心とした商工業で栄えてきましたが、植民地抗争に勝利を収め、世界の制海権を得た結果、イギリスが世界市場の中心となり、世界の富が流れ込んでくることになったのです。とくにイギリスに巨万の利をもたらしたのは、大西洋三角貿易でした。イギリスから銃器や綿織物を西アフリカに輸出し、売却代金で黒人奴隷を購入してアメリカに運び、その売却代金で砂糖や綿花、煙草などを買いつけてイギリスに輸入したのです。

3つ目は、市場と原材料の供給地の確保です。アジア交易、大西洋三角貿易の覇権を得た結果、イギリスは交易ルートとともに将来的な市場、また商品の生産に必要な原材料を供給する植民地を得ることになりました。

> **イギリスで産業革命がはじまった主な理由は、**
> **「農業革命」「資本の蓄積」「市場の確保」**

イギリスの産業革命は綿織物からはじまる

イギリスで起きた産業革命は、まず綿工業からはじまりました。イギリスの主産業は毛織物でしたが、洗濯すると縮むという欠点を持っていたため、当時は洗わないで着るのが当たり前でした。当然、汗や脂などで服は汚れてしまいますよね。非常に不潔で、伝染病の温床にも

第3章　近代　203

なりました。また寒い冬はいいのですが、夏に着るには暑すぎました。そうした中、インドから綿製品がもたらされるようになると、イギリスの洋服事情は一変することになります。洗濯しても縮みにくいので何度も洗えますし、吸湿性に優れているため夏でも快適に過ごすことができます。何よりものメリットは、とにかく安かったことです。インドでは労働者に支払う賃金が安く抑えられましたから、その分、商品も安く仕入れることができたんですね。やがて18世紀になると、イギリス国内で綿製品がつくられるようになります。それまで輸入に頼ってきた製品を国内で生産して他国で売れば、もっと大きな利益を得られるのではないかと考えたのです。

　1733年には、ジョン・ケイ（1704〜64年頃）が飛び杼という織機用の新技術を開発しました。杼という道具を使って縦糸に横糸を絡ませ、綿布をより早く織ることを可能にした道具です。これによって綿織物の生産量が増加しましたが、一方で、肝心の糸が不足するという事態に陥ります。そこで1760年代、ハーグリーヴズ（？〜1778年）がジェニー（多軸）紡績機を、アークライト（1732〜92年）が水力紡績機を発明。こうして綿花から大量に、そして丈夫な糸を紡げるようになりました。そして1785年には、カートライト（1743〜1823年）が力織機を発明し、自動で綿織物を生産できる時代が訪れます。

　また、1712年にニューコメン（1663〜1729年）が蒸気力を利用した炭坑排水機を発明。1769年にジェームズ・ワッ

ト（1736〜1819年）が蒸気機関を発明し、織機や紡績機の動力として使用できるようにすると、綿織物の生産量は飛躍的に増加しました。こうして生産された綿織物はインド産を凌駕。世界市場を席巻したのです。

産業革命は、製鉄産業にも及びました。18世紀初頭には、エイブラハム・ダービー（1677〜1717年）がコークス製鉄法を発明。それまでの木炭に代わり、石炭を蒸し焼きにしてつくったコークスを高炉に使うことでより純度が高く、頑丈な鋼鉄を生み出すことに成功しました。

各地で産業が盛んとなると、今度は各都市間を結ぶ輸送機関の改良が求められるようになります。より早く、より大量に物資を輸送すべく、1814年、蒸気機関車が発明されました。営業開始は1830年のことです。

産業革命の結果、19世紀のイギリスは「世界の工場」と謳われるようになり、人々の生活は一新。その後の各国の歴史にも大きな影響を与えることとなります。

アメリカ独立戦争の勃発

イギリスで産業革命が進展していた頃、イギリス人がアメリカに築いた13植民地で独立の機運が高まりました。

アメリカが西欧諸国の植民地とされたのは、15世紀のコロンブスによる発見以降のことです。その中で、イギリスが初めてアメリカに植民地を建設したのは1607年のことでした。ヴァージニア植民地です。1620年には、イギリス国教会の弾圧を受けたピューリタン102人（ピルグ

第3章　近代　205

リム・ファーザーズ）が信仰の自由を求めてプリマスに上陸し、プリマス植民地を建設しました。このとき、彼らはメイフラワー誓約を交わします。自分たちは時の国王ジェームズ1世（在位：1603〜25年）の臣民ではあるけれども、植民地の経営は話し合いによる自治によって行なっていこうと誓ったのです。いわば民主政治の萌芽ですね。その後、北アメリカ西岸にイギリスの植民地が計13成立しますが、いずれも自治を行ない、何か問題が起これば植民地全体の会議（植民地議会）を開いて話し合うという体制が築かれました。

　しかし18世紀、イギリス本国はその体制を大きく揺るがす運営方針を打ち出しました。イギリスはフランスとの植民地戦争の結果、北アメリカの覇権を握りましたが、長年に及んだ戦争で国庫が窮迫してしまいます。そこでイギリスは、13植民地に重税を課して財源を捻出しようとしました。まず1764年には砂糖法を発布し、イギリス領以外から輸入する砂糖に対する税率を上げました。そして1765年には印紙法を出し、新聞や書籍などの出版物に対してイギリス本国発行の有料の印紙を貼ることを義務づけたのです。これに対して、従来の自治権を無視された植民地側は猛抗議をします。印紙法反対運動のリーダーであるパトリック・ヘンリ（1736〜99年）は、

「代表なくして課税なし」

すなわち、イギリス本国の決定であっても、植民地の代

表が会議への参加を許されていないのだから納税の義務はないと主張しました。

　イギリスと13植民地の対立はますます深まるばかりです。そうした状況下の1773年、イギリスは茶法を制定します。経営難に陥っていた東インド会社の救済策として、倉庫に余っていた紅茶を13植民地に直接販売することを許可するとともに、独占販売権を与えたのです。これにより、商人をはじめ植民地の住民の怒りが爆発。同年12月、マサチューセッツ植民地ボストン港に入港した東インド会社の船舶を襲撃し、342個もの茶箱を次から次へと海に投げ捨てました。これを、

ボストン茶会事件

といいます。事件後、イギリスはボストン港を閉鎖するとともにマサチューセッツ植民地の自治権を剥奪するという懲罰を課しました。

　1774年、ジョージアを除く12の植民地代表はフィラデルフィアに集まり、大陸会議を開きました。そしてイギリスに対して通商の断絶と自治の尊重を要求しましたが、イギリスはこれを無視し、武力で抑圧しようとしたため、1775年、ついにレキシントンで武力衝突が起こりました。同年5月、13植民地の代表はフィラデルフィアに集まり、再び大陸会議を開きます。そこで出た結論は、抵抗闘争でした。彼らはワシントン（1732〜99年）を総司令官に選出すると、自治防衛のための戦いを起こしました。

第3章　近代　207

ただしここで注意しておきたいのは、この時点ではまだ独立までは考えられていなかった点です。彼らが求めていたのは、あくまでも自治権だったわけです。しかしイギリスとの戦いを続ける中で、徐々に独立が意識されるようになります。はじめに独立を主張したのは、ニューイングランドやプリマスなどを中心とする北部でした。ピューリタンや自営農民が多かったことから、独立意識が強かったんですね。一方、ヴァージニア以南の南部地域は煙草や綿花などを栽培する大農園が多く、本国が輸送してくる黒人奴隷に労働力を頼っていたことから、独立には消極的でした。そうした中、彼らの独立意識を目覚めさせる1冊の本が出版されます。

トマス・ペイン（1737〜1809年）の『コモン・センス』

です。君主政の害悪を批判するとともに独立の正当性を主張したこの本はたちまちベストセラーとなりました。当時、人口250万人ほどの社会で12万部も売れたといいますから、反響の大きさがうかがい知れますね。

　こうして13植民地の自治防衛戦争は独立戦争へと転換し、1776年7月4日、アメリカ独立宣言を発表したのでした。すべての人間は平等で、自由を主張するのは当然の権利だと強く訴えたこの宣言は、フランス革命時の人権宣言にも多大な影響を与えることになります。そして1777年にはアメリカ連合規約を制定し、13州からなる連邦国家・アメリカ合衆国を成立させました。なお、「す

べての人間は平等」と謳っておきながら、

> **アメリカ独立宣言には奴隷貿易の廃止を訴える文言は
> 盛り込まれなかった。**

南部の代表者らの反対を受けたためです。ただし、20年
後には奴隷制を廃止するという「妥協」が行なわれまし
たが、結局実行されませんでした。

　さて、こうして勃発したアメリカ独立戦争は、他の諸
国をも巻き込み、国際戦争へと発展しました。1778年に
はフランスがイギリスに宣戦布告し、それに次いでスペ
イン、オランダもアメリカの独立を支援する立場を表明
します。また1780年には、イギリスの対アメリカ海上封
鎖に反発したロシアが武装中立同盟を提唱。これにプロ
イセンやデンマーク、スウェーデン、ポルトガルが参加
し、イギリスの貿易妨害に対して抵抗を示しました。

　当初、イギリス軍に苦戦を強いられた植民地軍でした
が、各国の支援のもと勢力を巻き返し、1781年のヨーク
タウンの戦いでは見事勝利をつかみます。これによっ
て、アメリカ独立戦争は事実上の終結を見ました。1783
年、イギリスはパリ条約でアメリカの独立を承認し、ミ
シシッピ川以東のルイジアナをアメリカに割譲。フラン
スやスペインとはヴェルサイユ条約を結び、フランスに
はトバコ島とアフリカ西部、スペインにはフロリダとミ
ノルカ島を譲りました。そして1789年、ワシントン（在位：
1789～97年）が初代大統領に就任しました。

第3章　近代　209

アメリカ独立の影響を受けたフランス革命

　アメリカがイギリスからの独立を成し遂げた頃、フランスでも革命の波が押し寄せました。フランス革命です。

　事の発端は、財政の破綻にありました。ルイ14世の時代に絶対王政を確立したフランスでしたが、イギリスとの植民地戦争の結果、国庫が窮迫。ルイ16世（在位：1774〜92年）の時代の1788年には、国の借金が45億ルーブル（約100兆円）にも達しました。もはや収拾がつかない状態でしたが、フランスは特権身分であった聖職者や貴族らに課税することで、これを乗り切ろうとしました。

　ここで18世紀のフランスの身分階層について簡単に説明しておきましょう。当時は頂点に君臨する国王のもと、身分は3つに分かれていました。

第1身分が聖職者、第2身分が貴族、第3身分が平民

です。このうち第1身分、第2身分は全人口の2パーセントほどに過ぎませんでしたが、フランス全土の4割もの土地を所有していたり、税金を免除されたり、高官に就いたりと、あらゆる特権が与えられていました。

　その特権を奪われようとしたわけですから、当然、特権身分層はこれに反発します。そしてこの問題を巡り、1789年5月、ヴェルサイユで全国三部会が召集されました。1615年以来、174年振りとなる開催でした。しかし、会議は議決方法を巡って紛糾しました。特権身分の代表が身分別の投票を主張したのに対して、平民の代表は個

人別の投票を要求したからです。こうして平民と特権身分層との対立が深まると、これに業を煮やした平民らは6月17日、「自分たちこそが真の国民の代表である」と宣言し、憲法制定国民議会を発足。20日、憲法が制定されるまで解散しないことを誓いました（球戯場の誓い）。

　この動きを見たルイ16世は事態を収拾させるべく、7月、国民議会を承認しました。ここに、フランスはイギリス同様、立憲君主制への道を歩みはじめることになります。ところが、ルイ16世は内心ではこれを認めていませんでした。ひそかにヴェルサイユに軍隊を集結させ、国民議会の掃討をもくろみます。これを知ったパリの民衆は怒り、7月14日、バスティーユ牢獄を襲撃しました。さらには、凶作と重税にあえぐ農民たちも全土で反乱を起こします。ここにフランス革命は勃発しました。

　8月4日、国民議会は事態の沈静化を図るべく、封建的特権の廃止を決議します。これにより、中世以来の身分制が解消されました。続いて26日、アメリカ独立戦争に参加したラ・ファイエット（1757〜1834年）が起草したフランス人権宣言が採択されました。全17条からなり、自由や平等など人間としての基本的な権利や、所有権の不可侵などが規定されました。所有権の不可侵は、いわば財産権です。商売や生産活動によって得た財産を保障するという商工業者にとっての基本権利であり、これは近代資本主義社会の原理となりました。

　しかし、ルイ16世はこれらの宣言を認めようとはしま

せんでした。すると10月、国王の行動に憤慨した約7000人の市民が武装蜂起してヴェルサイユ宮殿に乱入すると、国王一家を拘束。パリのテュイルリー宮殿に軟禁し、無理やり両宣言を認めさせたのでした。

立憲君主政から共和政へ

　こうしてフランスでは絶対王政の幕が閉じ、立憲君主政がはじまりましたが、それはわずか10か月ほどで終わりを迎えることとなります。

　1791年8月、オーストリアとプロイセンはピルニッツ宣言を出し、国王一家に何か起これば直ちに軍事介入すると警告しました。

　一方、フランス国内では穏健な共和主義を唱えるジロンド派が政権をとると、1792年4月、オーストリアに対して宣戦布告しました。折しも、国内には絶対王政の復活をもくろむ王党派が伸長しており、この機に国内の反対勢力を一掃しようとする思惑もありました。これを革命戦争といいます。

　戦況は当初フランス軍が劣勢を強いられました。そうした中、急進共和主義ジャコバン派の指導者ロベス・ピエール（1758～94年）が呼び掛けた義勇兵がパリに集結。8月10日、パリ市民らとテュイルリー宮殿を占領すると、王権の停止や、新たな国会である国民公会の設置などを決定しました。これにより、国内の王党派勢力は沈黙します。さらに義勇軍の戦力は増強されていき、9月20日

にはパリに迫るオーストリア・プロイセン連合軍の撃退に成功しました（ヴァルミーの戦い）。

こうして危機を乗り越え、国民意識が高揚する中、21日、男性普通選挙による国民公会が召集され、フランス史上初の共和政が成立しました。国民による、国民のための国家が誕生した瞬間でした。

フランスは絶対王政から立憲君主政、共和政へと移行

ナポレオンの登場

しかし、フランスの混乱はまだ続きます。1793年1月にルイ16世が処刑されると、ヨーロッパ諸国は自国への波及を警戒し、対仏大同盟を締結しました。

そうした中、フランス国内ではジャコバン派のロベスピエールが実権を握り、ジロンド派を国民公会から追放。反革命者の処刑や食糧の強制徴収、カトリックの抑圧など恐怖政治を敷きましたが、1794年7月、これに反発する人々によるテルミドール9日のクーデタで粛清されました。その後、穏健な共和派が再び勢力を伸長し、1795年に総裁政府（〜99年）を発足させます。しかしそれでも社会不安は続き、また対仏大同盟に対抗するため、強大な力を持った政府の誕生を求める声が上がるようになりました。

ここで登場したのが、ナポレオン・ボナパルト（1769〜1821年）です。1799年、クーデタによって総裁政府を

第3章　近代　213

解散し、統領政府（1799～1804年）を樹立したナポレオンは、1804年、国民投票によって皇帝につきました。ナポレオン1世（在位：1804～14、15年）の誕生です。1805年にはアウステルリッツの戦いでオーストリア・ロシア軍を撃破し、神聖ローマ帝国を解体します。さらに翌年にはプ

ナポレオン時代のヨーロッパ情勢

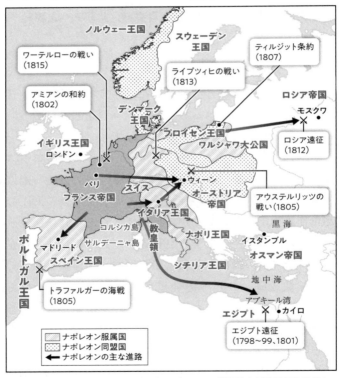

1804年にフランス皇帝として即位したナポレオンは積極的な対外遠征を敢行し、ヨーロッパ大陸のほぼ全域を支配下に置いた。

214

ロイセンに侵攻し、首都ベルリンを占領しました。1808年にはスペインを征服します。

　こうしてヨーロッパのほとんどを支配下に置いたナポレオンでしたが、その栄華は長くは続きませんでした。1812年にはロシア遠征に失敗し、その翌年にはプロイセン・ロシア・オーストリア連合軍に敗北を喫してしまいます。そして1814年、ナポレオンはついに帝位を剝奪されてエルバ島への流罪に処せられました。

　フランスでは代わってルイ16世の弟がルイ18世（在位：1814～24年）として即位しました。再びフランスに王政がもたらされたのです（王政復古）。

　1815年、ナポレオンはエルバ島を脱してルイ18世を追い、帝位につきますが（百日天下）、ワーテルローの戦いでイギリス・プロイセン連合軍に敗北。セントヘレナ島に流され、そこで最期を迎えました。

　こうして英雄の時代はあっけなく幕を閉じたわけですが、フランス革命、そしてナポレオンの支配は、

**ヨーロッパ世界に国民主義という
意識を覚醒させる契機**

となりました。

　それはドイツやイタリア、ラテンアメリカ、はたまたオスマン帝国にも広がり、19世紀に台頭する自由主義やナショナリズム（国民主義）運動を進展させることになったのです。

19世紀

国民主義の発展

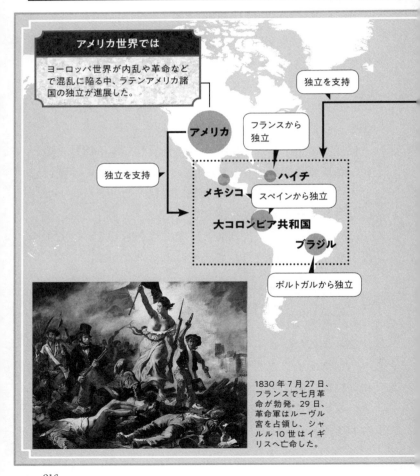

アメリカ世界では

ヨーロッパ世界が内乱や革命などで混乱に陥る中、ラテンアメリカ諸国の独立が進展した。

独立を支持

アメリカ

フランスから独立

独立を支持

ハイチ

メキシコ

スペインから独立

大コロンビア共和国

ブラジル

ポルトガルから独立

1830年7月27日、フランスで七月革命が勃発。29日、革命軍はルーヴル宮を占領し、シャルル10世はイギリスへ亡命した。

時代の概観
- 各国で民族運動が激化
- 1848年革命によりウィーン体制は崩壊
- 資本家 VS 労働者という対立構造が現出

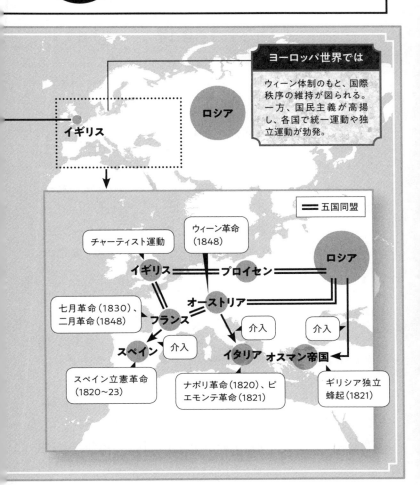

ヨーロッパ世界では

ウィーン体制のもと、国際秩序の維持が図られる。一方、国民主義が高揚し、各国で統一運動や独立運動が勃発。

═══ 五国同盟

- チャーティスト運動
- ウィーン革命（1848）
- 七月革命（1830）、二月革命（1848）
- スペイン立憲革命（1820～23）
- ナポリ革命（1820）、ピエモンテ革命（1821）
- ギリシア独立蜂起（1821）

第3章 近代

ナポレオン没落後のヨーロッパ情勢

　ナポレオンの没落後の1814年9月、その支配地の再編を巡り、ヨーロッパ諸国は会議を開きました（ウィーン会議、1814〜15年）。主宰は、オーストリアの宰相メッテルニヒ（1773〜1859年）です。しかし各国の利害が衝突して会議はまったく進まず、「会議は踊る、されど進まず」と揶揄される始末でした。

　そうした中、フランス外相のタレーラン（1754〜1838年）は正統主義を唱えました。これは、

ヨーロッパ世界をフランス革命以前の秩序と国境に戻そう

というものでした。また、強国が出現するのを防ぐため、諸国の勢力均衡も図られました。

　1815年6月、ようやく会議は合意に達し、ウィーン議定書が締結されました。この結果、各国の領土に変化が生じることになります。

　オーストリアはロンバルディアやヴェネツィアなど北イタリアに領土を獲得する一方で、ベルギー（南ネーデルランド）をオランダに譲ります。これによってオランダは南北ネーデルラントを併せたネーデルラント（オランダ）王国となります。

　プロイセンはザクセン地方北部とラインラントを獲得しました。一方、ドイツ諸邦はプロイセンやオーストリアを含む35王国、4自由都市からなるドイツ連邦となり、

ウィーン体制下のヨーロッパ情勢

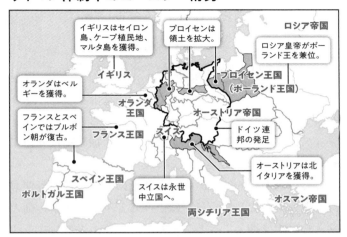

神聖ローマ帝国の復活はなりませんでした。盟主はオーストリアです。

ロシアはポーランドを獲得し、ロシア皇帝がポーランド王を兼位するようになりました。またスウェーデンからフィンランドを割譲されました。その代わりにスウェーデンはノルウェーを獲得しました。

イギリスはオランダからセイロン島とケープ植民地、フランスからマルタ島を獲得しています。

また、フランスではルイ18世によるブルボン朝（フランス・ブルボン家）が、スペインではフェルナンド7世（在位：1808、1813〜33年）によるブルボン朝（スペイン・ブルボン家）が復興しました。

スイスが永世中立国として国際的な承認を受けたのも、

第3章　近代　219

このときのことです。こうして、ヨーロッパの政治地図は大きく塗り替えられることになりました。

ナポレオン戦争後、ヨーロッパ世界ではウィーン体制が成立

そしてこの体制を維持すべく、オーストリア、イギリス、ロシア、プロイセン、フランスによる五国同盟、イギリス、オスマン帝国などを除く全欧参加の神聖同盟が締結されたのでした。

この体制の目的は革命の再発防止にあり、武力行使も辞さない構えでした。各国はこうして革命や民族運動の動きを事前に抑えようとしたわけですが、フランス革命以降、各国に広まった国民主義や自由主義の意識は統一運動や独立運動となって進展。ウィーン体制下のヨーロッパ諸国で激しさを増していきました。

ドイツ統一運動

まず国家統一の動きが起こったのは、ドイツでした。1817年、ウィーン体制に反対する学生らが中心となって

ブルシェンシャフト（ドイツ学生同盟）運動（1817～20年）

を起こしたのです。

彼らはドイツの統一と憲法の制定を声高に叫びましたが、1819年、メッテルニヒによって弾圧され、活動は終息を迎えました。しかしそのともし火までは消えず、ブ

ルシェンシャフト運動はのちのドイツ統一運動の布石と
なりました。

スペインの革命

次に革命が勃発したのはスペインです。ウィーン体制
によって復活したブルボン朝に対してスペイン軍が反乱
を起こしたのです。彼らの目的は自由主義的な憲法の復
活にあったので、

スペイン立憲革命(1820〜23年)

と呼ばれます。

1822年にはフェルナンド7世を廃位し、革命政府を樹
立する事態にまで発展しましたが、1823年、五国同盟の
決定で派遣されたフランス軍によって、革命政府は倒さ
れてしまいました。

イタリアの革命

しかし、このスペイン立憲革命を契機として、国民主
義の潮流は全ヨーロッパを席巻することになります。ま
ずは1820年、イタリア半島南部のナポリで統一運動が勃
発しました。

当時のイタリア半島は分裂状態にありました。北イタ
リアはオーストリア、南イタリアはブルボン家による両
シチリア王国、中部イタリアは複数の小国が分立し、さ
らにはローマ教皇領もあったのです。

第3章 近代 221

そうした状況下の19世紀初頭、イタリア統一を目指す秘密結社カルボナリ党がナポリで結成され、1820年、

ナポリ革命

を起こしたのです。

　この革命は北イタリアにも波及し、1821年、ピエモンテ革命が起きました。ナポリはスペイン同様、ブルボン家の支配下にありましたから、スペイン立憲革命がイタリアの国民主義を駆り立てたと見ることができるでしょう。

　しかしいずれの革命も、オーストリア軍の介入によって弾圧されました。

ギリシアの独立運動

　イタリア統一運動は、今度はギリシアの国民主義を高揚させることになります。15世紀以来、ギリシア世界はオスマン帝国の支配下にありましたが、1821年に独立運動が勃発。1822年には独立宣言が出されました。

　すると、オスマン帝国の弱体化をもくろむイギリス、フランス、ロシアがこれを支援。連合軍は1827年にナヴァリノの海戦でオスマン帝国軍を破り、1829年のアドリアノープル条約でギリシアの独立を認めさせました。

ギリシアの独立が国際的に承認されたのは、
1830年のロンドン会議

ラテンアメリカの独立

　スペイン立憲革命は地中海世界にとどまらず、大西洋を飛び越えてラテンアメリカにも波及しました。19世紀、ナポレオン戦争や内乱によってスペイン本国が混乱する中、それを独立の好機と捉えて立ち上がったのです。中心を担ったのは、シモン・ボリバル（1783~1830年）やサン・マルティン（1778~1850年）などクリオーリョと呼ばれる人々でした。クリオーリョは、

植民地生まれの白人

のことです。入植以来、鉱山や農園経営などで生計を立てていましたが、スペインは本国を介さない他国との貿易を認めず、また重税を課しました。彼らはそうしたスペインの政策に反発し、独立運動を起こしたのでした。

　1819年、シモンは南米大陸北部に大コロンビア共和国（1819~30年）を建設します。1821年には、ベネズエラが大コロンビア共和国の一部として独立を果たしました。さらに同年にはメキシコも独立を達成しています。

　一方、1804年にはハイチがフランスから、1822年にはブラジルがポルトガルから独立を果たすなど、ラテンアメリカ諸国は次々とヨーロッパの支配から解放されていきます。

　そうした状況下、イギリスはラテンアメリカの独立を支持し、五国同盟からの脱退を明言しました。当時、産業革命下にあったイギリスではラテンアメリカを新たな

第3章　近代　　223

市場として取り込もうとしたんですね。スペインやポルトガル、フランスなどの支配が排斥されるのはイギリスにとってまさに好都合だったのです。

　また、アメリカも1823年にモンロー宣言を出し、ラテンアメリカの独立支持を表明しました。こうしてウィーン体制では軍事上の介入ができなくなり、ラテンアメリカの独立が確定したのでした。

フランスにも波及した国民主義

　さて、世界的に発生した国民主義運動は収まるところを知らず、今度はフランスで革命を誘発することになりました。ウィーン会議後、フランスではルイ18世が即位し、王政が復活します。このとき、政治体制は立憲君主政がとられていましたが、ルイ18世の跡を継いで即位したシャルル10世（在位：1824～30年）は議会を無視し、絶対王政さながらの政治を次々と行なっていきました。これに対して国民の怒りは爆発。1830年7月27日に武装蜂起すると、29日にはルーブル宮を制圧しました。これを

七月革命

といいます。

　これによりシャルル10世はイギリスへ亡命。代わってオルレアン家のルイ・フィリップ（在位：1830～48年）が王として迎えられ、立憲君主政がスタートしました（七月王政）。

七月革命の影響は、隣国のオランダへと飛び火します。同年8月、ウィーン会議でオランダに併合されたベルギーで独立運動が勃発したのです（ベルギー独立革命）。独立は国際的に承認され、以降、ベルギーは中立国となりました。

　11月には、ロシアの支配下にあったポーランドで独立運動が起こりました（ワルシャワ独立革命）。しかしベルギーのようにはいかず、残念ながら独立は失敗に終わってしまいます。

　一方、イギリスでも七月革命の影響が及ぼされました。1832年、第1回選挙法改正が行なわれ、一部の産業資本家層に参政権が付与されたのです。こうして産業資本家が政治に参画することになりましたが、中産階級や都市労働者にはいまだに参政権が与えられなかったため、1830年代後半から40年代にかけて、男性普通選挙制度の採用などを求める運動が活発化しました。これは、

チャーティスト運動

となって進展します。

フランス二月革命

　七月革命から18年後の1848年2月、フランスでは再び革命が勃発しました。

　ルイ・フィリップ王は銀行家などの大資本家の支援を受けて国政を司ったため、必然と政治は大資本家に有利

第3章　近代　225

に展開されました。たとえば参政権は一部の支配階層に限られ、その数は全人口の1パーセントにも満たないものだったのです。

やがて議会政治の外へと追いやられた中小の資産家や労働者階級から普通選挙制の実現を求める声が上がるようになります。しかしルイ・フィリップ王は、これを武力で弾圧しようとしました。

それに対して民衆は抵抗し、2月25日、パリを制圧してフィリップを廃すると、臨時政府を樹立しました（二月革命）。フランス革命以来の共和政権の誕生です。これを、

第二共和政

といいます。

やがて、二月革命は大きなうねりとなり、ヨーロッパ全土を席巻する1848年革命へと発展します。

3月11日にはベーメン（チェコ）でチェコ語の公用語化や独自の議会設立を求める運動が起こりました。13日にはウィーンで、政治改革を求める市民らによる暴動が勃発しました。

これによりメッテルニヒは失脚、イギリスへの亡命を余儀なくされます。指導者がいなくなったことで、ウィーン体制は崩壊しました。

各国の自由主義運動の高揚により
ウィーン体制は終幕を迎える

表面化する資本家と労働者の対立

　二月革命下のロンドンで、マルクス（1818～83年）とエンゲルス（1820～95年）は『共産党宣言』という1冊の本を出版しました。

　産業革命の進展により、資本家は経済の自由をひたすら追求しました。革命や改革の矢面に立ち、それまでの特権階級と戦いを繰り広げてきたのはそのためです。結果、資本家に富が蓄積されるようになりました。

　一方で、工業化によって生み出された多くの労働者は低賃金、長時間労働という厳しい条件を強いられました。働いても働いても暮らしは楽にはなりません。

　マルクスらは『共産党宣言』を通じて、労働者を貧困から解放し、平等な社会を建設しようとしました。そして自治政府を建設することで労働者の解放は実現されると説いたのです。この労働者による自治政府建設運動をコミュニズムといい、その初期の段階を社会主義といいます。

　同じ国でありながらも、まったく異なる生活を送る資本家と労働者。経済の自由が社会の平等を阻むという現状において、近代社会で訴えられてきた自由はいったい誰のためのものだったのか。20世紀に入ると、こうした疑問が呈されるようになります。そして起こったのが、社会主義運動でした。1848年革命は、それまでの封建領主対市民という対立構図が、資本家対労働者へと変化する重要な転換期にもなったのです。

19〜20世紀
帝国主義の台頭

ヨーロッパ世界では

イギリスの3C政策とドイツ3B政策が対立。1914年には第一次世界大戦（1914〜18）が勃発した。

イギリスから自治権獲得（1867）

カナダ

アメリカ北部

南北戦争

ニューファンドランド

イギリスから自治権獲得（1907）

アメリカ南部

アメリカ世界では

南北戦争（1861〜65）が勃発し、北部がアメリカを統一。その後、世界に進出。

イギリスから自治権獲得（1907）

ニュージーランド

対立

イギリス ⇔ ドイツ帝国　ロシア

三国協商

オーストリア・ハンガリー帝国

フランス

イタリア王国

三国同盟

228

時代の概観

- 西欧列強による清の植民地化が進展
- イギリスとドイツの対立が激化
- 第一次世界大戦の勃発

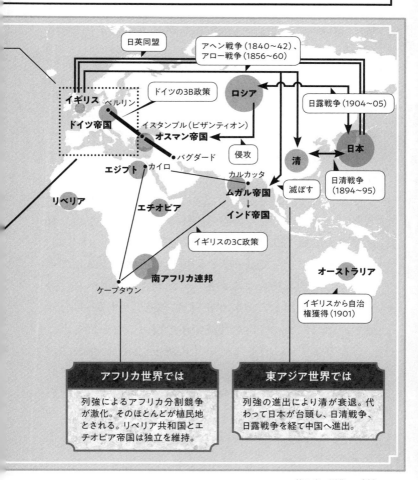

アフリカ世界では

列強によるアフリカ分割競争が激化。そのほとんどが植民地とされる。リベリア共和国とエチオピア帝国は独立を維持。

東アジア世界では

列強の進出により清が衰退。代わって日本が台頭し、日清戦争、日露戦争を経て中国へ進出。

大英帝国の繁栄

19世紀半ばになると、欧米列強がそれぞれに軍備の拡張を進め、勢力圏の拡大を巡って相争う帝国主義の時代を迎えます。その中でも、いち早く世界に台頭したのは、やはりイギリスでした。そしてヴィクトリア女王（在位：1837〜1901年）の時代に大英帝国と謳われるほどの全盛期を現出することになります。

まずイギリスは、対清貿易に力を注ぎます。

19世紀、イギリス国内で茶の消費量が高まりを見せると、清から輸入する茶の量が増大し、仕入れ代金としての銀が大量に流出しました。自由貿易主義を打ち出したイギリスは代わりに綿製品などを清に輸出しようとします。しかし清には貿易を行なうという気はさらさらありませんでした。茶を販売したのは目下の国に恩恵を与えるという意識によるものだったからです。そのため、貿易窓口も広州1港に限定されていました。

イギリスにとっては好ましい貿易の形態ではありません。そこでイギリスはインド・ベンガル産のアヘンを清の諸港市に輸出するという密貿易（実態は自由貿易）を行ない、それによって得た利益で茶の買いつけを行なうようになります。こうしてイギリスからインドへ綿製品が輸出され、インドから清へアヘンが輸出され、そして清からイギリスへ茶や絹が輸出されるという三角貿易の形態が整いました。

アヘンは強い依存性を持つ、いわば麻薬です。たちま

ち広州ではアヘン中毒者が急増しました。またアヘン密貿易が盛んになるにつれ、清からの銀の流出量が多くなり、財政も窮乏することとなりました。

1839年、清はこの状況を打開すべく、欽差大臣・林則徐（1785～1850年）に命じてアヘンの取り締まりを行なわせましたが、これにイギリスは反発。1840年、ついには武力衝突にまで発展しました。これを、

アヘン戦争

といいます。戦争はイギリスの勝利に終わります。そして1842年に締結された南京条約により、清はイギリスに香港島を割譲したほか、上海、寧波、福州、厦門、広州を開港し、商人による自由貿易を認めることになりました。翌年にはフランス、アメリカとも同様の条約を締結しています。

イギリスは開港した5港で自国産の綿製品を販売し、利益の拡大を狙いましたが、売り上げはあまり伸びませんでした。

そこで1856年、さらなる権利の拡大を求め、フランスとともにアロー戦争（1856～60年）を引き起こします。結果、さらに11港を開かせるとともに、清国内における旅行の自由を認めさせたのでした。これにより、イギリスの商人は中国内陸部においても自由に商売ができるようになったのです。

こうして清は、自由貿易政策による世界資本主義体制

第3章　近代　231

の中に組み込まれることとなりました。

ヨーロッパ列強により、清の分割化が進む

　一方、アヘン戦争後、外国製品が大量に流入するようになると、清では失業者や流民が増え、社会不安が増大しました。また天災も相次いで発生し、農村も荒廃していきました。そうした状況下、天啓を受けた洪秀全（1813～64年）はキリスト教的な宗教結社・拝上帝会を結成すると、1851年、広西省金田村で挙兵しました。太平天国の乱（1851～64年）の勃発です。反乱軍は「滅満興漢」を叫び、清の打倒を図りましたが、1864年、曾国藩（1811～72年）や李鴻章（1823～1901年）などが組織した自衛軍や、列強が指揮する常勝軍によって鎮圧されました。

インド帝国の樹立

　イギリスは中国市場を開拓する一方で、インドの植民地化にも着手します。17世紀まで、インドは世界に冠たる綿製品の輸出国でした。しかし18世紀、イギリス産の綿製品がインドへ流れてくると、インドの綿織物業者はこれに太刀打ちができずに没落。都市や農村では失業者が溢れ、没落民の多くは植民地の労働力として南アフリカへ流れていきました。

　そうした状況下の1857年、デリー北部のメーラトで東インド会社の傭兵セポイの反乱（～1859年）が勃発します。新しく配られたエンフィールド銃の弾薬筒を包む油紙に

使われている獣脂が牛なのか豚なのか、その確認がなされないことに反発したヒンドゥー教徒・イスラーム教徒のセポイが立ち上がったのです。この反乱に手工業者や農民、藩国王までもが参加。のちのインド民族運動の先駆けとなりました。しかしイギリス軍によって反乱は鎮圧され、ムガル皇帝はビルマへの流罪に処せられました。ここにムガル帝国は滅亡します。代わってイギリスがインドの直接統治に乗り出し、インド帝国を樹立しました。

アメリカ南北戦争

　着実に世界帝国を築き上げていったイギリスでしたが、19世紀後半になると、アメリカ合衆国の台頭により、その座を脅かされるようになります。

　18世紀にイギリスからの独立を達成して以降、アメリカはヨーロッパ諸国から領土を買収し、着実に勢力圏を拡大していきました。1803年にはフランスからミシシッピ川以西のルイジアナを、1819年にはスペインからフロリダを買収。さらにはネイティヴ・アメリカンを排除しながら領土を西部へと拡大し、1845年にはテキサスを、1846年にはオレゴンを併合しました。1848年にはメキシコからカリフォルニアを奪い、ここに、アメリカの領土は西海岸へと達したのです。

　しかしそのような状況の中、北部地方と南部地方で黒人奴隷を巡る紛争が激化しました。産業革命が進展した北部では人道的な観点から奴隷制の反対を訴えましたが、

第3章　近代　233

南部では綿花やタバコ栽培における労働力として黒人奴隷を必要としていたため、奴隷制の維持を主張したのです。両者の議論は平行線をたどる一方でした。

ですが1860年、奴隷制の反対を掲げる共和党のリンカン（在位：1861〜65年）が大統領に就任すると、事態は一変。南部11州がアメリカ合衆国から離脱し、リッチモンドを首都とするアメリカ連合国を樹立してアメリカ合衆国に戦争を仕掛けたのです。こうして南北戦争（1861〜65年）が勃発しました。

奴隷制度を巡り、アメリカ南北州の対立が激化

戦いは当初、南軍が優勢でした。ですがリンカンが1862年に西部開拓民に無償で土地を与えるというホームステッド法を、1863年に奴隷解放宣言を発すると、南部の奴隷が北軍に合流。ゲティスバーグの戦い（1863年）以降、北軍が戦いを優勢に進め、1865年4月、北部がアメリカの再統一を果たしました。

ちなみに、もともとリンカンは奴隷解放のためではなく、合衆国の分裂を防ぐために戦いを決意しました。実際、奴隷制廃止論者に対して、「私の目的は連邦を救うことであり、奴隷制度を救うことでも滅ぼすことでもない。もし奴隷をひとりも自由にしないで連邦を救えるのであれば、私はそうする」と認めた手紙を送っています。しかし、連邦の分裂を防ぐという目的では周囲の同意を得られなかった。そのため奴隷解放という方策を前

面に打ち出すことで、戦いを有利に進めようとしたのです。このとき、アメリカ南部を綿花の供給地としていたイギリスではすでに1833年に植民地における奴隷制度を廃止していました。したがってイギリスはリンカンの奴隷解放宣言により、南部への支援を断念せざるを得なくなったのでした。

リンカンが奴隷解放宣言を出したのは戦略上の理由による

その後、1869年に東西を結ぶ大陸横断鉄道が開通した結果、国内市場の開拓が一層進展し、鉄鋼業や石炭業、石油業などの重工業が発展しました。そしてアメリカは、19世紀末には世界一の工業国となるまでに発展を遂げたのです。

イタリアの統一

アメリカで南北戦争が勃発していた頃、イタリアとドイツでは国家の統一運動が進展しました。

まずはイタリアから解説していきましょう。19世紀初頭、イタリアは分裂状態にありました。北部はオーストリア領、西北部はサルデーニャ王国、中央部はローマ教皇領、南部は両シチリア王国といった具合です。

そうした状況下、イタリア国内では統一を望む声が高まりを見せ、1830年代、カルボナリ党員だったマッツィーニ（1805〜72年）が青年イタリアを結成。1849年にはロー

第3章　近代　235

マ共和国を建国しましたが、フランス軍の干渉を受け、失敗に終わりました。

　ここで、1848年革命後のフランスの情勢について少し説明しておきましょう。二月革命後の1848年12月、フランスでは大統領選挙が行なわれ、ルイ・ナポレオン（在位：1848〜52年）が選出されました。あのナポレオン１世の甥にあたります。この頃、王党派が議会における実権を握っていましたが、1851年、ルイ・ナポレオンはクーデタで議会を解散させると、翌年、国民投票により、皇帝ナポレオン３世（在位：1852〜70年）として即位。独裁体制を敷きました（第二帝政）。このように、国民主権主義を利用して誕生した独裁政治を、

ボナパルティズム

といいます。

　一方、国民の支持をつなぎとめるべく、積極的に対外遠征も行ないました。イタリアの独立運動に介入したのも、カトリックの頂点に立つローマ教皇を救えば国民からの人気がさらに高まると考えたためでした。

　さてその後、イタリア統一運動の中核を担ったのはサルデーニャ王国でした。ヴィットーリオ・エマヌエーレ２世（在位：1849〜61年）のもとで首相をつとめたカヴール（1810〜61年）は、統一を進めるためにフランスのナポレオン３世に近づきます。そして彼と軍事的密約を結ぶと、1859年、ソルフェリーノの戦いでオーストリア軍の

撃破に成功しました。

　ところが、サルデーニャ王国の強大化を恐れたナポレオン3世が単独でオーストリアと講和を結んでしまったため、このときサルデーニャはロンバルディアを獲得するにとどまりました。しかし1860年、フランスにサヴォイア、ニースを割譲することを条件として、中部イタリアの併合を成し遂げました。

　サルデーニャ王国のイタリア統一戦争の影響は、イタリア南部にも波及します。1860年、青年イタリアのガリバルディ（1807～82年）は約1000人の義勇兵を率いて両シチリア王国を制圧すると、シチリアとナポリをヴィットーリオ・エマヌエーレ2世に献上しました。こうしてイタリアの統一を成し遂げたサルデーニャ王国は1861年、イタリア王国を樹立。ヴィットーリオ・エマヌエーレ2世が初代王として即位しました（在位：1861～78年）。

　その後、イタリア王国は1866年のプロイセン・オーストリア（普墺）戦争でオーストリアの敗北に伴い、ヴェネツィアを獲得。1870年にはプロイセン・フランス（普仏）戦争でフランスが敗北したことで、ローマ教皇領を併合し、ローマへと遷都（1871年）しています。

ドイツの統一

　ウィーン会議後、ドイツでは、

35王国、4自由都市で構成されるドイツ連邦

第3章　近代　237

が発足しました。国内は諸邦による分裂状態が続きましたが、そうした中、プロイセンを中心として政治的な統一を求める運動が起こります。まず1834年、プロイセンはドイツ関税同盟を発足させます。これによって同盟国間の関税が撤廃されると、ドイツの経済統一が一挙に進みました。また、国内の産業を保護するため、同盟国以外からの輸入品に高関税を設定したのも大きな特徴です。安価なイギリス製商品の流入を防ぐためですね。なおオーストリアはこれには参加しませんでした。

　その後、1848年革命の影響を受け、同年5月、フランクフルト国民議会が開催されます。このとき議会では、

大ドイツ主義と小ドイツ主義

という2つの統一論が形成されました。

　大ドイツ主義は、オーストリアのような複合民族国家の樹立を容認するものです。一方、小ドイツ主義はオーストリアを除き、プロイセンを中心とするドイツ単一民族国家を目指すものでした。結果として、ドイツは小ドイツ主義の立場に則り、統一がなされることとなります。なぜオーストリアは除かれてしまったのでしょうか。

　じつは、当時オーストリアにはドイツ人のほか、マジャール人やスラヴ人など複数の民族が共存していました。しかも民族意識が高揚し、諸民族の独立運動が活発化していたのです。そんな状態でドイツの統一がなされても、民族運動に頭を悩まされることになってしまいま

す。オーストリアとしても諸民族の領域を切り離してまでドイツの統一を達成する気はありませんでした。

　こうして国民議会は小ドイツ主義の立場のもと、1848年12月にドイツ国民の基本法を、1849年3月には連邦制や立憲君主政などを定めたドイツ帝国憲法を採択しました。ドイツの政治的統一は着々と進んでいきます。しかし、ここで大きな問題が勃発しました。統一ドイツの中核を担うべき時のプロイセン王フリードリヒ・ヴィルヘルム4世（在位：1840〜61年）に皇帝の就任を拒否されてしまったのです。革命派からの帝冠は受けられないというのがその理由でした。ここに、ドイツ統一運動は一旦挫折することとなりました。

　その後、ドイツに再び統一の機運が盛り上がったのは19世紀後半のことです。この頃、ドイツ国内ではプロイセンを中心として産業革命が進展し、経済が躍進の一途をたどっていました。そしてプロイセンでは、それまで主導権を握っていた自由主義者に代わり、ユンカーと呼ばれる地主層が台頭し、官僚や軍部の中核を担うようになりました。

　なかでも、強大な実権を有したのがビスマルク（1815〜98年）です。1862年にプロイセン首相に就任したビスマルクは、

「現在の課題は鉄と血で解決される」

と主張し、軍事力を背景としてドイツ統一を推し進めて

第3章　近代　239

いきました。

　まず1864年にはデンマークに攻め入ります。デンマークがドイツ連邦の規定に反してシュレスヴィヒを編入したことに対する軍事制裁、というのがその口実でした。オーストリアとともに出兵したプロイセンはデンマークを撃ち破り、これを取り戻します。さらにビスマルクはオーストリアと事を起こす前に、周囲の足場固めを行ないました。まずオーストリア領のヴェネツィアを欲していたイタリア王国と同盟を締結。またフランスのナポレオン３世にはライン地方の割譲をそれとなく匂わせ、中立の立場を守るよう要求しました。そして1866年、満を持してオーストリアと一戦を交えました。プロイセン・オーストリア（普墺）戦争の勃発です。プロイセンはこの戦いでオーストリアを撃ち破ると、講和条約でオーストリアにドイツの再編に参加しないことを承諾させました。ここに、ドイツ連邦は解体されることとなります。

　こうして名実ともにドイツ統一の中心となったプロイセンは1867年、ライン川以北の22国からなる北ドイツ連邦を結成しました。盟主はもちろん、プロイセンです。また南ドイツの国家とは同盟関係を締結しました。

　このとき、隣国フランスのナポレオン３世は、プロイセンのこれ以上の強大化を何とか食い止めたいと考えました。そこで南ドイツ諸国に圧力を加え、ドイツが統一されないように働きかけます。

　ビスマルクのこれまでの努力を無にするかのようなフ

ランスの政策に、ビスマルクは怒り、次なる目標をフランスに定めました。そして1870年7月、プロイセン・フランス（普仏）戦争が勃発しました。

　戦いはプロイセンがフランスを圧倒し、9月、ナポレオン3世を捕縛します。これによりフランス第二帝政は崩壊。代わってパリに臨時国防政府が成立しましたが、プロイセン軍の勢いに手も足も出ませんでした。

　1871年1月18日、プロイセン軍がパリを包囲する中、ビスマルクはじめドイツ諸邦の君主がヴェルサイユ宮殿の鏡の間に集まり、プロイセン王ヴィルヘルム1世のドイツ皇帝即位式が挙行されました。こうしてドイツ帝国が成立し、ドイツの統一が果たされたのです。そして同年1月末、フランスはドイツ帝国に降伏し、普仏戦争は終焉を迎えたのでした。戦いの結果、ドイツ帝国はフランスから石炭や鉄鉱石の産地であるアルザス、ロレーヌを獲得し、ここにドイツ帝国の領土が確定されました。

> **ビスマルクの活躍により
> プロイセンはドイツ統一を達成**

オーストリア・ハンガリー帝国の成立

　一方、普墺戦争で敗北したオーストリアではその後、支配下の諸民族の独立運動がますます活発化しました。ドイツからも切り離され、政情は混迷を極めます。そうした中、時のオーストリア皇帝フランツ・ヨーゼフ1世

第3章　近代　241

（在位：1848〜1916年）は国内に安泰をもたらすため、1867年、マジャール人にハンガリー王国の創建を認めると、オーストリア皇帝が治める連合国としてオーストリア・ハンガリー帝国を樹立しました。ひとつの国家に2つの異なる王国が存在することになったため、これを二重帝国とも呼びます。しかし、フランツ・ヨーゼフ1世の政策は国内の民族運動を完全に鎮圧させるまでには至りませんでした。かえって他の諸民族の独立の機運を仰ぐ結果となり、チェコやスロヴァキア、スロベニア、クロアチアなどでそれぞれ独立運動が展開される事態となってしまいました。やがてこの運動はますます激化し、第一次世界大戦へとつながっていくこととなります。

イギリス植民地帝国の形成

さて、ここで話をイギリスへと戻しましょう。世界に先駆けて産業革命を成し遂げたイギリスでしたが、19世紀後半には、「世界の工場」はもはやイギリスの専売特許ではなくなってしまいました。とくにイギリスに大きなダメージを与えたのが、アメリカとドイツの経済成長でした。この結果、1870年代から90年代にかけてイギリスは大不況に陥り、経済は停滞してしまいます。

この危機を脱するべく、イギリスは2つの政策を打ち出しました。ひとつは、これまでに蓄えてきた富を海外諸国に貸しつける「世界の銀行」へと転換すること、もうひとつは軍事力を背景に植民地帝国を建設して資本を

輸出することです。資本の輸出は、海外に工場を建設するなどの投資を意味します。それまでは原材料を輸入して国内の工場で生産を行ない、それを海外市場で販売していましたが、原材料の供給地や市場に近い場所に工場を建てれば、その分、輸送費用がかからなくて済みます。また、本国よりも安価で労働者を雇うこともできます。当然、その方が将来的な利益が大きくなりますよね。

イギリスは「世界の銀行」となり、積極的に 資本を輸出することで世界に覇を唱えようとした

　こうした帝国主義政策を展開したのは、1874年に保守党内閣の首相となったディズレーリ（1804～81年）です。1867年に第2回選挙法改正に尽力し、都市労働者にまで参政権を拡大したことで知られますね。彼はイギリスの労働者を抱き込み、植民地帝国としてのイギリスの繁栄実現を目指しました。

　1875年には、エジプトからスエズ運河の株式を買収します。これにより、イギリスは地中海経由でインドへ向かう最短ルートを確保しました。

　また、本国と植民地との関係を強化すべく、植民地に自治権を与えました。この結果、カナダ（1867年）、オーストラリア（1901年）、ニュージーランド（1907年）、ニューファンドランド（1907年）、南アフリカ連邦（1910年）が成立。これらの国々は5大自治領として、イギリス帝国の要となりました。

第3章　近代　　243

ロシアが進めた南下政策

19世紀末、欧米諸国で帝国主義化が進んだ頃、ロシアは地中海へと通じる黒海への進出を図り、南下政策を進めました。不凍港の獲得がその原動力でしたね。

しかし、このロシアの動きに対して、イギリスは警戒心を強めます。ロシアの南下がイギリス・インド間のルートを遮断するのではないかと考えたためです。19世紀のギリシア独立戦争にイギリスが介入したのも、ロシアがギリシアを支配下に置くことを防ぎたかったという側面がありました。

さて、ギリシアは1830年にオスマン帝国からの独立を達成しますが、その直後、同じくオスマン帝国の支配下にあったエジプトで太守ムハンマド・アリー（1769〜1849年）が独立を宣言しました。1831年、オスマン帝国はこれを防ぐべく、軍を派遣。第1次エジプト・トルコ戦争が勃発します。このとき、イギリス、フランス、オーストリアはエジプトを支援しました。一方、ロシアはオスマン帝国側に立って参戦します。この戦争を機に地中海へ進出しようと企てたわけです。

戦いはエジプト軍が優勢に進め、オスマン帝国軍を圧倒。1833年、オスマン帝国はキュタヒヤ条約を締結し、エジプトにシリアを割譲することとなりました。

また、オスマン帝国はロシアとウンキャル・スケレッシ条約を締結し、ダーダネルス・ボスフォラス両海峡におけるロシア軍艦の通行独占権を認めました。

このロシアの動きに対し、イギリスは焦りを強めます。一方、東地中海の主導権を巡ってフランスとの対立を深めており、そちらへの対応にも迫られました。

　そうした状況下の1839年、オスマン帝国が報復を図り、エジプトに攻め入ります（第2次エジプト・トルコ戦争）。このとき、フランスがエジプト側についたため、イギリスはオスマン帝国の解体を防ぐべく、ロシア、プロイセン、オーストリアとともに帝国側に立って参戦しました。

　この戦いでもエジプト軍がオスマン帝国軍を圧倒しましたが、1840年、イギリス主導のもとロンドン会議が開かれて戦争は終結。イギリス、ロシア、プロイセン、オーストリアの4国はロンドン条約を締結し、ダーダネルス・ボスフォラス両海峡の軍艦通行は禁止されることになりました。また翌年にはウンキャル・スケレッシ条約も破棄され、ここにロシアの地中海進出は阻止されたのでした。

　一方、エジプトのムハンマド・アリーはシリアの領有を放棄することになりましたが、エジプトとスーダンがその領土であることが国際的に承認されました。統治権も世襲とされ、ここにムハンマド・アリー朝（1840〜1953年）が誕生しました。

　さて、ロシアの南下政策は列強によって阻止された形となりましたが、それでも不凍港の獲得をもくろみ、再度オスマン帝国への圧力を強めていきました。1853年にはキリスト教巡礼者を保護するため、聖地イェルサレム

第3章　近代　　245

の管理権を要求してオスマン帝国に侵攻。クリミア戦争（1853〜56年）を引き起こします。しかし、ロシア勢力が地中海へ膨張することを恐れたイギリス、フランス、サルデーニャ各国はオスマン帝国を支援し、ロシアを敗北へと追い込みました。そして1856年に締結されたパリ条約によって黒海の中立化が宣言され、ロシアの南下政策はまたしても失敗に終わったのでした。

アメリカの帝国主義化

ヨーロッパ諸国で帝国主義化が進む一方で、南北戦争後のアメリカでも帝国主義化が進展しました。工業生産の発展に伴い、19世紀末にフロンティア（未開拓地との国境）が消滅すると、今度は海外市場の獲得に向けて対外政策を推進。1898年にはアメリカ・スペイン（米西）戦争でスペインを撃ち破り、カリブ海のキューバを保護国化したほか、フィリピンやグアム、プエルト・リコを獲得しました。同年にはハワイも併合しています。

こうして一躍、アメリカは帝国主義の道を歩みはじめることとなります。1899年には国務長官ジョン・ヘイ（1838〜1905年）が清に対して門戸開放宣言を発し、清の鎖国的政策を批判。さらに翌年には列強における中国分割を牽制すべく、領土保全を宣言しました。米西戦争を行なっていた関係でアメリカは中国市場への参入に出遅れてしまいましたからね。列強によるそれ以上の中国分割を抑制するとともに、経済的に中国への進出を図ろう

としたのでした。

　一方、ヨーロッパ列強が手を出すことのできなかった
ラテンアメリカに対して、アメリカは借款を行なうととも
もに軍事力を背景とした威圧的な外交を展開し、支配を
行なっていきました。1903年には運河を開削するために
パナマをコロンビアから強制的に独立させると、その翌
年に建設に着手。こうして1914年にパナマ運河が開通す
ると、カリブ海と北太平洋が直結することになりました。
カリブ海からハワイ、フィリピンを経由して中国へ。こ
うしてアメリカによる北太平洋勢力圏が形成されたので
す。

ドイツの3B政策

　宰相ビスマルクのもと強国へと変貌を遂げたドイツ帝
国は、19世紀末に登場した交通機関によって新たな時代
を迎えることとなります。それは、1883年に開通したオ
リエント急行でした。パリ・イスタンブル間を結んだこ
の国際列車は、列強の目を東方へと向けさせるきっかけ
となりました。この列車に着目したのは、参謀総長モル
トケ（1800〜91年）です。各地に堅固な要塞を築いて兵を
収容するよりも、軍隊を鉄道によって一度に輸送したほ
うが効率がよいと考えたのです。

　時のドイツ皇帝ヴィルヘルム2世（在位：1888〜1918年）
はモルトケの進言を受け、鉄道による中東膨張政策を推
進します。1899年には時のオスマン皇帝アブデュル・ハ

第3章　近代　　247

ミト2世（在位：1876〜1909年）からバグダード鉄道の敷設権を獲得しました。これにより、ドイツはベルリン〜ビザンティオン（イスタンブル）〜バグダードを結ぶ鉄道ルートからペルシア湾を経て海上に出る道を確保しました。このドイツの帝国主義政策は鉄道が結んだ3つの都市の頭文字を取って、

3B政策

と呼ばれます。そして「世界政策」の名のもとアジアへと触手を伸ばし、欧米列強の中でははじめて清から膠州湾を租借し、青島を築きました。

英独関係の悪化、英仏・英露関係の改善

　ドイツの3B政策はイギリスのインドルートとイギリス領インド帝国を脅かすものであり、またイギリスの世界戦略3C政策と対立するものでもありました。

　3C政策とは、

イギリスの植民地カイロ、ケープタウン、カルカッタを結ぶルートを帝国支配の基軸に据えるもの。

　こうしてイギリスとドイツの関係は悪化し、対立が表面化することになりました。

　一方、それまで対立関係にあったイギリスとフランスとの関係は改善されることとなります。

　この頃、イギリスは、東南アジア、アフリカ経営を巡っ

てフランスと対立しました。

　フランスが東南アジアへの進出を開始したのは1858年のことでした。ベトナムやカンボジアを制圧し、1887年、フランス領インドシナ連邦を成立させました。1899年にはラオスも統合します。

　一方、フランスのこの行動を危険視するイギリスはインドをフランスの侵略から防衛するためにも、コンバウン朝ビルマ（1752〜1885年）を制圧し、イギリス領東インド帝国に併合しました。このように、東南アジアでは唯一独立を保ったラタナコーシン朝タイ王国（1782年〜現在）を挟み、イギリスとフランスがにらみ合うという状況が現出されていたのです。

　そんな両国の関係が好転するきっかけとなったのは、1898年のファショダ事件にありました。折しも19世紀末はヨーロッパの列強によってアフリカ分割が進んだ時代でもありました。1883年には、ベルギーが一方的にコンゴを領有すると宣言しています。しかし、アフリカの豊富な資源は列強諸国にとっても魅力でしたから、ベルギーの勝手な振る舞いは到底許せるものではありません。そこで1884年、ヨーロッパ14か国の代表がベルリンに集まり、アフリカ分割について話し合うこととなりました（ベルリン会議）。このとき、ベルギー王の私領としてコンゴ自由国が承認されたほか、アフリカは「無主の地」であること、先に占領した国が権利を主張できることが確認されました。ようは早い者勝ちってことですね。

第3章　近代　249

この会議を契機として、アフリカの分割競争は激化し
ます。抵抗する原住民は武力で制圧され、かろうじて独
立を保つことができたのはリベリア共和国とエチオピア
帝国のみでした。

　アフリカのほぼすべてがヨーロッパの植民地と化す中、
とくに激しく争ったのはイギリスとフランスでした。

　イギリスは南部のケープ植民地から1882年に保護国化
したエジプトまでを貫通するアフリカ縦断政策を、フラ
ンスはアルジェリアから紅海沿岸のジブチ、マダガスカ
ル島を結ぶ横断政策を展開します。

　やがて1898年、両国はファショダ（現・スーダン）で激
突しました。これをファショダ事件といいます。

　あわや戦争かと思われましたが、このときはフランス
の譲歩によって事態は解決します。以降、イギリスとフ
ランスは急激に接近することとなり、1904年の英仏協商
の締結へとつながりました。このとき、フランスはイギ
リスのエジプトに対する優越権を認め、イギリスはフラ
ンスのモロッコに対する優越権を公認しました。

アフリカ分割を経てイギリスとフランスの関係が改善

　一方、1899年、南アフリカ戦争（ブール戦争、1899〜1902年）
が勃発しました。同地で発掘される金やダイヤモンドを
獲得するため、イギリスはオランダ系移民ブール人が建
国したトランスバール共和国・オレンジ自由国と戦争を
繰り広げましたが、彼らのゲリラ活動によって思わぬ苦

戦を強いられてしまいます。

そうした中、今度は清で義和団事件（1900〜01年）が勃発します。列強の中国分割に憤った民衆が蜂起し、外国勢力を排斥しようとしたのです。

イギリスがもっとも恐れたのはロシアの中国進出でした。すでに1898年、ロシアは遼東半島を実質支配下に置き、極東における南下政策を強行していました。もしロシアが義和団事件鎮圧の主導権を握れば、その後の中国権益を拡大させることは間違いありません。しかし、イギリスは南アフリカ戦争に忙殺され、とてもではありませんが兵を送る余裕などはありませんでした。イギリスは頭を抱えることになります。このとき、イギリスにとって僥倖となったのは日本の活躍でした。折しも、日本は「東洋平和」の確立を大義に朝鮮半島や遼東半島、満州の権益獲得を狙っており、ロシアを上回る規模の軍隊を清へ派遣し、義和団事件の鎮圧に貢献しました。

事件後、イギリスの思惑通り、ロシアは占領した満州に駐屯を続け、朝鮮半島にまでその触手を伸ばそうとしました。とはいえ、イギリスにはどうしようもできません。そこでイギリスはそれまでの外交方針を一転。諸外国と同盟関係を結ばない「光栄ある孤立」外交を放棄し、1902年、日本と日英同盟を締結したのでした。

**イギリスが日本と同盟を締結したのは
ロシアのアジア進出を牽制するため**

第 3 章　近代　251

そして1904年、いよいよ日露戦争が勃発します。このとき、イギリスとともに日本を支援したのがアメリカでした。

　カリブ海から北太平洋へと勢力圏を拡大していたアメリカにとって、ロシアの太平洋進出は脅威でした。また中国市場への参入ももくろんでおり、満州地方に鉄道を建設するという構想も抱いていたためです。

　対してロシア側についたのはドイツでした。ロシアが極東に進出している隙をついてバルカン半島への南下を果たそうと考えたためです。

　一方、フランスはすでにドイツ、オーストリアへの対抗策としてロシアと露仏同盟（1891〜94年）を結んでいましたが、1904年にイギリスと英仏協商を結ぶと、日露戦争への非参戦を明言しました。アフリカや中近東でドイツとの対立が激化する中、軍備拡張が最優先だと判断されたためです。

　こうして各国の思惑と利害がぶつかりあった日露戦争は、事前の予想に反し、日本が連戦連勝を続けました。しかし日本には戦争を継続する余力はなく、またロシア国内で革命（第1次ロシア革命）が勃発したこともあり、1905年、両国痛み分けという形でポーツマス講和条約が締結されました。

　これにより、日本はロシアから遼東半島の租借権、ハルビン・旅順間の南満州鉄道を譲り受けるとともに、南樺太を獲得しました。

日露戦争の敗北により、ロシアは極東から手を引くことに

その後、極東進出を断念したロシアは、国内における民衆の不満を外へ向けるべく、再びバルカン半島への進出を図ることとなります。

しかしそこで待っていたのは、同じくバルカン半島の権益を狙うドイツとオーストリアとの衝突でした。こうしてロシアはドイツ、オーストリアとの対立を深めていくこととなるのです。

一方、日露戦争の結果、イギリスはもはやロシアは敵ではないと見なしました。最大の強敵は、３Ｂ政策で伸張するドイツただ１国のみ。折しも、バルカン半島を巡ってロシアとドイツの対立が激化していたことから、イギリスはドイツを牽制すべく、1907年、英露協商を締結しました。また、先の英仏協商と合わせてイギリス、フランス、ロシアの三国協商が成立します。

これに対して、ドイツは1882年以来オーストリア、イタリアと三国同盟を締結していましたから、ここに、第一次世界大戦を巡る国際情勢が形成されたということができるでしょう。

第一次世界大戦の勃発

19世紀から20世紀にかけて、欧米列強は世界各国を植民地化していきました。そうした流れの中で国民主義の

第3章　近代　253

露土戦争後のバルカン半島情勢

露土戦争後、ロシアはオスマン帝国とサン・ステファノ条約を締結したが、英・墺の抗議を受けて内容が修正され、南下政策は挫折に終わった。

考えが植民地にも浸透するようになると、やがて列強の支配から脱して独立しようとする運動が活発化します。そうした状況下の19世紀後半、バルカン半島でスラヴ民族がパン・スラヴ主義を掲げ、オスマン帝国に対して独立運動を起こしました。パンは統合という意味です。つまりスラヴ民族全体でひとつにまとまろうとしたわけですね。

古くからバルカン半島はスラヴ民族の文化圏でしたが、古代にはローマ帝国、中世にはビザンツ帝国の支配下に置かれました。14世紀には一時セルビア王国が繁栄しますが、やがてオスマン帝国の支配下に置かれてしまいます。このように、スラヴ民族は民族としては存続しながらも、独立した国家を築くことはできずにいたのです。

　さて、こうして勃発したスラヴ民族の反乱を支援したのがロシアでした。これを利用して再び南下政策を進めようとしたわけです。そして1877年、オスマン帝国領へと侵攻しました。これを、

露土戦争

といいます。ロシアはオスマン帝国を撃ち破ると、1878年にサン・ステファノ条約を締結。これにより、オスマン帝国からモンテネグロ、セルビア、ルーマニアが独立、ルーマニアはロシアに南ベッサラビアを割譲する代わりにオスマン帝国からドブルジャを獲得、自治権を持つ大ブルガリア公国を設置し、２年間、ロシア軍が占領することなどが採り決められました。

　こうしてロシアは待望のバルカン半島進出を達成……したかに思われましたが、やはりロシアの地中海進出を阻止したいイギリスとオーストリアがこれに介入。1878年のベルリン会議でサン・ステファノ条約の内容が修正され、ブルガリアはオスマン帝国支配下の自治国となりました。さらには、ブルガリアの領土のうちマケドニア

第3章　近代　255

地方がオスマン帝国領に戻されたことで地中海と接しなくなったため、ロシアの南下政策はまたしても挫折に終わることになったのでした。

列強の介入により、ロシアの南下政策は失敗

またこのとき、ボスニア・ヘルツェゴビナがオーストリアの行政管理下に置かれました。1908年にはオーストリアに完全に併合されることとなります。当時、オーストリア領内ではスラヴ民族の独立運動の機運が高まりつつありました。そこでスラヴ民族の多いボスニア・ヘルツェゴビナを併合することで、その動きを事前に抑え込もうとしたのです。このようなオーストリアのバルカン膨張政策を、

パン・ゲルマン主義

といいます。バルカン鉄道を支配下に置いたドイツにとってもこの動きは好都合であり、ドイツはオーストリアを支持しました。

しかしボスニアの隣国で、独立を果たしたスラヴ民族国家のセルビアはオーストリアの行動に納得がいきませんでした。ボスニアはかつてセルビア王国が支配していたところです。ですから、セルビアこそがボスニアを併合すべきとする主張がセルビア国内に広まりました。これを大セルビア主義といいます。こうしてセルビア国内ではオーストリアに対する怨嗟が渦巻くこととなります。

256

そして事件は、1914年6月28日に起こりました。この日、ボスニアの首都サライェヴォを訪れたオーストリア皇太子フランツ・フェルディナント（1863〜1914年）とその妻がセルビア人の青年によって暗殺されたのです。この事件を受け、7月28日、オーストリアはセルビアに宣戦布告します。

これに対して、ドイツ、オスマン帝国、ブルガリアはオーストリア側に、ロシア、フランス、イギリス、日本、三国同盟を脱したイタリアなど27国がセルビア側につきました（連合国）。こうして戦いは世界規模へと発展。ここに、第一次世界大戦が勃発します。戦争は空前の総力戦となりました。飛行機や戦車、毒ガスなどの新兵器が登場したのもこのときのことです。これにより各国とも多くの死傷者を出すことになりました。そうした状況下の1917年、戦局を変える出来事が2つ起こりました。

ひとつ目は、

ロシア革命

です。同年3月、首都ペトログラードで起こった労働者の反戦デモに兵士が参加し、帝政が崩壊するという事態が起こったのです（二月革命）。そして11月、ロシア社会民主労働党（ボリシェヴィキ）の指導者レーニン（1870〜1924年）らによってソヴィエト政権が誕生しました（十月革命）。その後、1922年、ベラルーシ、ウクライナ、ザカフカース（現・ジョージア）と連合してソヴィエト社会

第3章　近代　257

主義共和国連邦（ソ連）が成立します。

　2つ目は、

アメリカの参戦

です。きっかけとなったのは、1917年にドイツが発布した無制限潜水艦作戦にありました。これは、イギリスやフランス、イタリア周辺と地中海上を航海する船は国籍を問わず、たとえ中立であっても無警告で撃沈する、というものです。

　もともとアメリカは不干渉の立場にありながらもイギリスやフランスなどに武器を販売していました。代金はドイツからの賠償金で支払われるという約束でしたから連合国側に勝ってもらわないと困るわけですね。このような諸々の事情が重なり、アメリカは第一次世界大戦への参戦を決意したのです。

　大国アメリカの参戦により、もはやドイツに勝機はありませんでした。また長引く戦いにより、各国にも厭戦気分が漂います。そうした中、1918年11月、ドイツ国内で革命が勃発し、皇帝ヴィルヘルム2世がオランダに亡命するという事件が起こりました。ここにドイツ帝国は崩壊。代わってドイツ共和政が宣言されると、11月11日、ドイツ臨時政府は連合国側と休戦条約を締結しました。

　こうして、4年以上も続いた第一次世界大戦は終結したのでした。

第４章

現代

20世紀①

第二次世界大戦の勃発

アメリカ世界では

1929年、ニューヨーク・ウォール街で株価が大暴落。世界的な経済恐慌へと発展した。第二次世界大戦が勃発すると、1941年の日本の真珠湾攻撃を機に参戦。

対ドイツ戦線で協力

●ニューヨーク

アメリカ

世界恐慌 (1929)

太平洋戦争

【第二次世界大戦の構図】

連合国側			枢軸国側
アメリカ	キューバ	ドミンゴ共和国	ドイツ
ソ連	チェコスロヴァキア	エル・サルバドル	イタリア
イギリス	オランダ	グァテマラ	日本
中華民国	ギリシア	ハイチ	ルーマニア
オーストラリア	ノルウェー	ホンデュラス	ブルガリア
ベルギー	ポーランド	フィリピン	ハンガリー
カナダ	ユーゴスラヴィア	インド	フィンランド
コスタリカ	ルクセンブルク	南アフリカ連邦	タイ

など

> 時代の概観
>
> ・アジア諸国で民族運動が高揚
> ・アメリカ恐慌が世界規模に発展
> ・第二次世界大戦が勃発

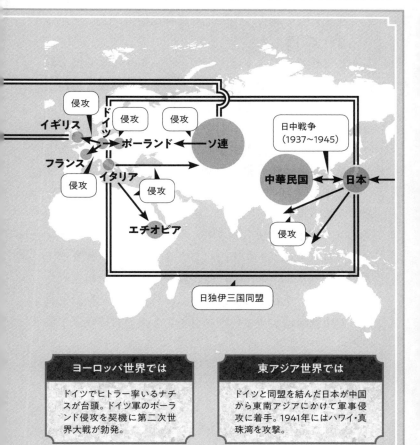

ヨーロッパ世界では

ドイツでヒトラー率いるナチスが台頭。ドイツ軍のポーランド侵攻を契機に第二次世界大戦が勃発。

東アジア世界では

ドイツと同盟を結んだ日本が中国から東南アジアにかけて軍事侵攻に着手。1941年にはハワイ・真珠湾を攻撃。

ヴェルサイユ体制の成立

第一次世界大戦後の1919年１月、パリで講和会議が開かれました。会議の指針となったのは、時のアメリカ大統領ウィルソン（在任：1913～21年）が1918年に発した「十四カ条（十四カ条の平和原則）」です。そこには、民族自決主義や秘密外交の廃止、国際平和維持機構の設立などが盛り込まれていました。

そして６月、ドイツは連合国とヴェルサイユ条約を締結します。ですがその内容は、ドイツへの報復を前面に打ち出したものでした。ドイツは賠償金支払いの義務を負わされたうえ、すべての海外植民地を戦勝国に取り上げられ、本国領土も１割以上削減されました。オーストリアなどの敗戦国も領土の縮小を余儀なくされます。

そして旧ロシア帝国領、旧オーストリア・ハンガリー帝国領から東欧８か国が独立を達成しました。エストニア、ラトヴィア、リトアニア、ポーランド、フィンランド、チェコスロヴァキア、ハンガリー、ユーゴスラヴィアです。ウィルソンが掲げた民族自決主義が適用された形ですね。しかしその裏には、これらの国々を社会主義勢力の防波堤にするというソヴィエトへの対抗意識が秘められていました。

一方、アジアやアフリカには民族自決主義は適用されませんでした。イギリスやフランスなどが既得権益を手放すのを嫌がったためです。ドイツの植民地も結局戦勝国で山分けされましたからね。こうして誕生した新たな

東欧8か国の独立

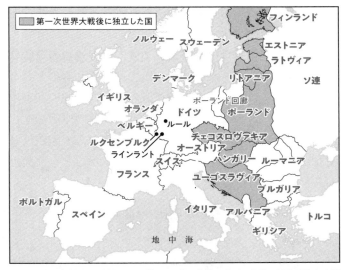

第一次世界大戦後に締結されたヴェルサイユ条約により、東欧8か国が独立を達成。その背景には、ソ連の影響力が西欧に及ばないようにするという思惑もあった。

ヨーロッパの国際秩序をヴェルサイユ体制といいます。

国際連盟の成立

1920年、国際平和を実現するための国際組織・国際連盟が発足します。本部はスイスのジュネーヴです。

原加盟国は42か国。ドイツやソヴィエトは加盟を許されませんでした。また、イギリス、フランス、イタリア、日本の4か国が常任理事国となりました。当初は、アメリカも常任理事国となる予定でした。ですが、第一次世界大戦に参戦した民主党のウィルソン大統領への反発が

高まりを見せ、共和党が多数を占めていた上院議会で
ヴェルサイユ条約の批准が否決されてしまったため、不
参加となったのです。

　こうしてアメリカの不参加により、国際連盟の運営は
イギリスとフランスが中心となって進められることとな
りました。これにより、国際連盟の活動は2国の利害が
優先されることとなります。また全会一致の原則を採っ
ていたため、何か問題が起こったとしても、1国が反対
すれば、それに対応することができなくなるという欠点
もありました。

国際連盟は発足当初から大きな問題を抱えていた

アジア諸国で高揚する民族運動

　一方この頃、アジア諸国も大きな変革の時を迎えてい
ました。ロシア革命や民族自決主義の影響を受け、民族
運動が高揚したのです。

　中国では1912年に清が崩壊し、代わって中華民国が
成立しました。臨時大総統についたのは袁世凱（1859〜
1916年）です。1916年、袁世凱は自ら皇帝に即位し、国
号を中華帝国と改めましたが、彼の死後、指導権を争っ
て軍閥が割拠するようになりました。

ヨーロッパでパリ講和会議が開催されたとき、
中国の政情は混沌としていた

そんな中、ヴェルサイユ条約が締結されたわけですが、このとき、ドイツが保持していた山東半島の権益が中国には返還されず、日本に譲渡されるという情報がもたらされます。これに怒った北京大学の学生およそ3000人は北京の天安門広場に集まり、ヴェルサイユ条約の調印反対を叫んで示威活動を展開しました。これを五・四運動といいます。

朝鮮でも1919年3月1日、日本からの独立を叫ぶ三・一独立運動が勃発しました。示威運動は朝鮮全土に広がりましたが、総統府に弾圧され、失敗に終わりました。

ワシントン体制の成立

第一次世界大戦後、欧米列強の勢力はアジア世界から後退することになりましたが、代わって伸長したのが日本でした。台湾や遼東半島、南満州に加え、山東省、はたまた赤道以北の南洋諸島にまで勢力を及ぼしていたのです。北太平洋に勢力圏を持つアメリカからしたら、この日本の動きは面白くありません。また、ドイツとロシアが東アジアから撤退したことで日英同盟を必要としなくなったイギリスも、日本の動きを強く警戒しました。

そこで1921年、アメリカ共和党大統領ハーディング（在任：1921〜23年）は東アジアの国際秩序を守るという名目のもと、ワシントン会議を開きました。本音は中国・太平洋地域における自国の権益や勢力圏を守るため、ですね。

第4章 現代　265

結果、太平洋諸島の現状維持などが約された４か国条約、中国の領土保全や主権の尊重などが確認された９か国条約、主力艦を制限するという海軍軍備制限条約が締結されました。また日本は中国と山東懸案に関する条約を結ばされ、山東省の旧ドイツ権益を中国に返還することになりました。こうして成立したアジア・太平洋地域における戦後秩序を、

ワシントン体制

といいます。しかしこのとき、中国が要求した不平等条約の改定や外国軍の撤兵などは拒否されました。主権の尊重など偉そうなことを言いながらも、列強は中国に持つ既得権益を失いたくなかったのです。

　こうして、中国では列強の支配から脱するべく、反帝国主義運動が展開されることになりました。

　そうした中、北京軍閥政権を打倒し、国民国家の復活を目指そうとする動きが活発化します。

　五・四運動後、中国では孫文（1866〜1925年）による中国国民党、陳独秀（1879〜1942年）による中国共産党が結成されました。そして1924年、両党は国民革命のために連合（国共合作）。

「連ソ・容共・扶助工農」

というソ連が提示した基本方針を掲げました。「連ソ」は国際的にソ連と連携を取るということ、「容共」は共

産党員の国民党への入党を受け入れるということ、「扶助工農」は労働者や農民を助けるということです。しかし1925年、革命半ばにして孫文は亡くなってしまいます。このときに遺した「革命いまだならず」という言葉は有名ですね。

孫文亡き後、中国国民党を率いたのは反共主義の立場にあった 蔣 介石（1887～1975年）です。同年7月には、広州に中華民国国民政府が樹立されました。そして1926年、いよいよ国民革命軍が軍閥の打倒を目指し、北伐を開始。1927年には武漢を占領し、武漢国民政府が樹立されます。これにより、広州の国民政府の機能が武漢へ移されることになりました。

ところが、ここで大事件が勃発します。武漢国民政府の成立を知った蔣介石が上海で共産党員の大弾圧を行なったのです（上海クーデタ）。そして南京に国民政府を樹立すると、武漢国民政府から共産党を排除していきました。ここに、国共合作は崩壊することになります。

その後、蔣介石は国民党単独となった国民革命軍を率いて北進を続け、1928年6月、ついに北京を占領しました。アメリカとイギリスは南京国民政府の存在を承認し、また関税自主権も認めました。こうして中国は蔣介石のもと、国家としての形を取り戻したのでした。

ドイツではヒトラーが台頭

第一次世界大戦の敗戦後、ドイツは共和国として再出

第4章 現代　267

発を果たしました。1919年8月11日には「1919年8月11日のドイツ国家憲法（ヴァイマル憲法）」を制定。国民主権や男女平等の普通選挙制、自由権など多岐にわたる権利が容認されるようになりました。

そうした状況下の1921年、ドイツが支払う賠償金の額が決定しました。1320億金マルク。これは、当時の国家予算のじつに20倍にあたるものでした。共和国政府はやむなくこれを承諾しますが、これに対して国民は憤り、再び帝政の復活を望む声が強まっていきます。

1923年には、賠償金を支払えないドイツに対して、フランスとベルギーが出兵。ドイツ最大の工業地帯ルール地方を占領するという事態に陥ります。これによってドイツの経済は悪化し、激しいインフレが起こりました。

このとき、ドイツに手を差し伸べたのがアメリカでした。第一次世界大戦を通じて債務国から債権国へと転換し、一躍世界最大の経済大国へと成長を遂げたアメリカは、1924年、ドイツにドーズ案を提案します。これは、

**支払期間を延長するとともに、
アメリカがドイツに資金を融資する**

というものでした。

これによって、次のような関係が生まれます。まずアメリカがドイツに資本を貸与する、ドイツはそれを元手に商工業を復興させ、得た利益の一部を賠償金としてイギリスやフランスに支払う、イギリスやフランスはそれ

を元手に戦争で停滞した経済を立て直し、戦時中にアメリカから借りたお金を返す、といった構図です。ドイツから賠償金をきちんと得ることができるイギリスやフランスにとって、この案は魅力的でした。そこでフランスはこの案を支持し、ルール地方から撤退しました。

ヨーロッパに訪れたつかの間の安定

こうしてドイツとフランスの緊張関係が解消すると、ヨーロッパの国際関係も協調へと向かうこととなります。1922年にはドイツとソ連が国交を結び、1924年にはイギリス、フランス、イタリアとソ連が国交を樹立。1925年には日本もソ連との間に国交を結んでいます。

また1925年、スイスでロカルノ会議が開かれ、ラインラントの非武装化が確認されるとともに、ドイツとフランス、ベルギー、チェコなど西欧諸国との国境相互不可侵が取り決められました。これにより、翌年1月、ドイツは国際連盟に加盟。しかも常任理事国となりました。さらに1928年には米仏協定が合意され、国家間の対立は武力では解決しないという不戦条約が締結されました。最終的にはソ連やイギリス、イタリア、ドイツ、日本など計63か国が調印しています。

世界恐慌の勃発

ところが、そんなヨーロッパの平和を一変させるような大事件がアメリカで起こりました。1929年10月24日、

第4章 現代　269

アメリカ・ニューヨークのウォール街で突然株価が大暴落したのです。アメリカ経済は大不況に陥り、工業生産も半減。およそ1000万人もの失業者を出す始末となってしまいました。これに伴ってアメリカの海外資本が回収されたため、ドイツ経済も大打撃を被り、銀行や企業が次々と倒産。1932年には、600万人もの失業者を抱えるまでになりました。また、アメリカ資本のストップによってドイツは賠償金を支払えなくなり、イギリスやフランスの経済も痛手を被ります。

　こうしてアメリカで勃発した恐慌は瞬く間に世界を駆け巡り、世界的な大恐慌へと発展しまったのです。

ドイツでナチス政権が誕生

　そんな状況下の1933年1月、軍部や資本家の支持を得て政権を獲得したのが国家社会主義ドイツ労働者党（ナチス）のヒトラー（1889〜1945年）でした。

　世界恐慌の中、列強は排他的なブロック経済を敷くことでこれを乗り切ろうとしました。つまり国際間の貿易を廃止し、自国とその植民地間のみで貿易圏を形成したのです。しかし植民地を持たないドイツではそれができませんでした。具体的な経済回復の政策を実行できない政府に対して、国民の不満は徐々にたまっていきます。そんな中、ヒトラーはドイツを苦境に陥らせたそもそもの元凶であるヴェルサイユ条約の破棄や民族共同体の樹立、ようはドイツ民族だけの国家を成立させて国内に安

定をもたらすなどといった政策を掲げ、たちまち民衆の支持を集めるようになったのです。

1933年2月には、ベルリンで発生した国会議事堂放火事件の実行犯をドイツ共産党であると決めつけて弾圧。3月には全権委任法を制定し、ここにヒトラーは一党独裁体制を確立したのでした。このヒトラーの政治体制を

ファシズム（全体主義）

といいます。

その後、ヒトラーは国際連盟から脱退すると、1935年、ヴェルサイユ条約を破棄するとともに再軍備宣言を行ない、軍備の拡張に乗り出します。そして翌年3月にはロカルノ条約を破棄してラインラントへの進駐を行ないました。これに対して、イギリスやフランスは宥和策を採り、ドイツの行動を容認します。

ヒトラーはこれ幸いとばかりに次々と対外政策を進め、1938年3月にはオーストリアを併合。9月にはイギリス、フランス、イタリアの合意のもと、チェコのズデーデン地方を獲得しました。その後もヒトラーは領土の拡大を続け、1939年にはチェコ地方を併合し、スロヴァキアを保護国とします。さらにポーランドへとその触手を伸ばすため、同年8月23日、ポーランド分割を条件としてソ連と独ソ不可侵条約を締結しました。もともとポーランド領西部は18世紀以来ドイツの支配下にあり、一方、東部は旧ロシア帝国の支配下にありましたから、お互いの

第4章 現代　271

利害が一致したわけですね。

そして9月1日、いよいよドイツはポーランドへの侵攻を開始しました。3日、ドイツの強引な政策に我慢ならなくなったイギリスとフランスがついにドイツに対して宣戦。ここに、第二次世界大戦が勃発しました。

第二次世界大戦の勃発

ドイツ軍の勢いはすさまじく、瞬く間にポーランド西部を制圧すると、1940年4月にはデンマーク、ノルウェー、5月にはベルギー、オランダ、そして6月にはフランスを征服します。

一方この頃、東アジアでは日本による軍事侵攻が激化していました。1932年には、中国東北地方に満州国を建国します。しかし国際連盟がこれを認めなかったため、1933年、日本はこれを不服として国際連盟を脱退。1937年には盧溝橋事件を機として日中戦争に突入しました。日本は短期間で決着をつける心づもりでしたが、国民党と共産党の国共合作軍の激しい抵抗にあい、戦争は長期化。またアメリカとイギリスが蒋介石の国民政府を支援したことから、アメリカからの物資の輸送が絶え、軍需物資の不足にも悩まされました。

そうした中、日本国内ではドイツと同盟を結び、東南アジア経由で国民政府に送られていた物資ルートを断つとともに資源を確保すべきとする南進論が噴出。1940年9月、ドイツがフランスを降したことに乗じて東南アジ

ア侵攻を決意し、フランス領インドシナ北部へ軍事進駐しました。そして日独伊三国同盟を締結したのです。

ちなみにイタリアは1936年にエチオピアを併合したことで、1937年に国際連盟を脱退しています。

日本の勢いはとどまるところを知らず、1941年4月に日ソ中立条約を結んで北方における安全を確保すると、フランス領インドシナ南部を制圧。7月にはベトナムも占領しました。

第二次世界大戦の終焉

一方、1941年6月、ヒトラーは突如として独ソ不可侵条約を破棄し、ソ連領内へと侵攻しました。ソ連が保有する石油資源の獲得がその目的でした。

この侵攻を機に、戦いの構図は大きく変化することになります。アメリカとイギリスがソ連を支援するようになったのです。そして同年8月、時のアメリカ大統領ローズヴェルト（在任：1933〜45年）とイギリス首相チャーチル（在任：1940〜45,51〜55年）は大西洋憲章を発し、領土の不拡大や民族自決、貿易の自由、国際平和維持機構の再建などに合意しました。

とはいえ、アメリカには戦争に軍隊を送り込む気はなく、あくまでも武器や物資の輸送で支援するにとどまりました。国内でも反戦を訴える声の方が圧倒的だったためです。しかし同年12月、日本がハワイ真珠湾を攻撃すると、世論は一変。ここに、アメリカは日本に宣戦布告し、

第4章　現代　273

第二次世界大戦へ参戦することになったのでした。これにより戦争の規模は一挙に拡大し、戦いの構図はアメリカ、イギリス、ソ連、中華民国を主要国とする26か国連合対日本、ドイツ、イタリアなどの枢軸国となりました。その性格はしばしば、

「民主主義対ファシズム」

と言い表されます。

　戦いは序盤こそ枢軸国が優勢でしたが、1943年になると連合国の攻勢が強まることとなります。ヨーロッパでは、スターリングラードの戦いでソ連がドイツを撃破。9月にはアメリカ・イギリス連合軍がイタリアに上陸し、イタリアを降伏に追い込みます。1944年6月には連合国軍がノルマンディーに上陸し、8月、フランスをドイツ軍から解放しました。アジア・太平洋戦線においても日本はアメリカに劣勢を強いられました。

　こうして連合国が枢軸国を圧倒する中、1945年2月、アメリカ大統領ローズヴェルト、イギリス首相チャーチル、ソ連首相スターリンがクリミア半島のヤルタに集い、戦後の国際情勢について話し合いました（ヤルタ会談）。このときに議題として上がったのは以下の4つ。国際連盟に代わる新しい世界平和機構の設立、ドイツの戦後処理、ポーランド問題、ソ連の対日参戦です。

　ドイツについては、戦後、アメリカ、イギリス、フランス、ソ連の4国の管理下に置くこととされました。

会談の半分の時間を費やしたのが、ポーランド問題でした。ポーランドについては、スターリンがポーランド東部の獲得にこだわったため、それが認められます。減った領土分はドイツ領から補填することとされ、こうして戦後、ポーランドの領土は戦前よりも西へ移動することとなりました。

　一方、ソ連は対日戦線に参入するにあたり、日露戦争時に失った旧ロシア帝国領の回復、すなわち千島・樺太の割譲と大連の租借権などを求めました。米軍の負担軽減を図りたかったローズヴェルトはしぶしぶこれを認めることになります。また、戦後の朝鮮半島をアメリカ、ソ連の両国が占領するという体制が決まったのも、この会議においてでした。

ヤルタ会談は戦後の冷戦構造を生み出す起点でもあった

　1945年5月7日、ついにドイツは降伏しました。一方、日本も連日の本土空襲により、もはや限界を迎えていました。7月、アメリカ、イギリス、中国の3国は日本にポツダム宣言を発し、無条件降伏を要求します。しかし日本がこれを黙殺したため、アメリカは8月6日に広島、9日に長崎へと原子爆弾を投下。そして同日、ソ連が日ソ中立条約を破棄し、日本に宣戦布告します。

　8月14日、日本はポツダム宣言の受諾を宣言。9月2日、降伏文書に調印し、ここに第二次世界大戦の幕が閉じたのでした。

第4章　現代　275

20世紀②

東西冷戦の時代

アメリカ世界では

第二次世界大戦後、ソ連との対立を深める(冷戦)。西ヨーロッパ諸国と北大西洋条約機構(NATO)を結成し、ソ連に対抗。一方、1959年、キューバでは革命が成功し、ソ連と同盟を締結した。

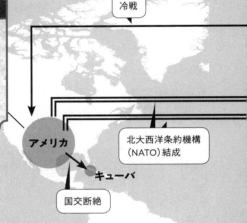

冷戦

北大西洋条約機構(NATO)結成

アメリカ

キューバ

国交断絶

アフリカ世界では

1957年のガーナの独立を皮切りに、1960年には17か国が独立を達成した(アフリカの年)。

ヨーロッパ世界では

アメリカが支持する自由主義国家の西ヨーロッパと、ソ連が支持する社会主義国家の東ヨーロッパに分断。ドイツも東西に分裂した。

時代の概観
・アメリカ、ソ連の対立が激化
・ソ連が解体
・アジア、アフリカで新興勢力が台頭

ワルシャワ条約機構結成（WTO）

ドイツ連邦共和国
イギリス
フランス
ドイツ民主共和国
東欧諸国 ══ **ソ連**
朝鮮民主主義人民共和国 — 朝鮮戦争（1950）
中華人民共和国 — **大韓民国**
パキスタン **インド**
ベトナム民主共和国
ベトナム共和国
ベトナム戦争（1960〜75）
アフリカ諸国
第二次世界大戦後、多くの国が独立を果たす。
インドネシア共和国

南アジア世界では

インドでは、ヒンドゥー教徒主体のインドと、イスラーム教徒主体のパキスタンとに分かれて独立。

東アジア世界では

米ソ間の対立が、朝鮮半島では朝鮮戦争、ベトナムではベトナム戦争へと発展。また東南アジアではインドネシア共和国をはじめ、フィリピンやカンボジアなど続々と独立を達成した。

第4章 現代　277

国際連合の成立

　第二次世界大戦は民間人をも巻き込む総力戦となった
ため、第一次世界大戦時と比較すると犠牲者数も格段に
増加しました。1945年10月、この反省を踏まえ、世界的
な平和を恒久的に維持するための機関として、

国際連合

が結成されます。もっとも大きな権限を持つ安全保障理
事会の常任理事国にはアメリカ、ソ連、イギリス、フラ
ンス、中国（蒋介石率いる中華民国）が就任しました。

　国際連盟との大きな違いは、

大国一致の原則

です。

　大国一致の原則とは、常任理事国のうち１国でも拒否
権を発動したら議案を決議しないというものです。国際
連盟時代は総会の決議は加盟国による全会一致とされま
したが、国際連合では多数決によって決定するとされま
した。しかし、常任理事国には拒否権が与えられたんで
すね。結局、世界の平和を守るのは強大な軍事力を有す
る大国であるのだから、その意思を尊重しなければなら
ないとされたのです。とくに、第二次世界大戦で太平洋
戦線をリードしたアメリカと、ヨーロッパでドイツ軍を
抑えたソ連、この２国の力は圧倒的で、両国がたびたび
拒否権を行使したことから、1950年代の冷戦の時代、国

連の機能は麻痺状態に陥ることとなります。

激化する東西陣営の対立

　第二次世界大戦では協同して事態の鎮圧にあたったアメリカとソ連でしたが、戦後処理を巡り、対立を深めていくことになります。1946年3月、元イギリス首相チャーチルがアメリカ・ミズーリ州、ウェストミンスター大学で演説を行なった際に発した一言が、それをよく表わしています。

> **「バルト海のシュテッティンからアドリア海の
> トリエステにかけて、鉄のカーテンが降ろされた」**

　つまり、ヨーロッパ世界が自由主義国家の西ヨーロッパと社会主義国家の東ヨーロッパに分断されてしまったということです。いったいなぜ、このようなことになってしまったのでしょうか。

　第二次世界大戦後、戦乱で荒廃した経済を立て直すべく、ヨーロッパ諸国は復興に尽力します。イギリスでは1945年に成立したアトリー労働党内閣のもと、重要産業の固有化、健康保険や年金制度の整備など社会福祉制度の充実といった政策を打ち出しました。同じ頃、フランスやイタリアでも共和政が発足し、復興政策を実施していきます。一方、大戦中にソ連の占領下に置かれた東ヨーロッパ諸国では共産党独裁が押しつけられ、親ソ政権が樹立しました。そうした状況下の1947年3月、アメリカ

民主党大統領トルーマン（在任：1945～53年）は、「我々は共産主義の脅威がこれ以上世界に広がることを容認しない」と公然とソ連を敵視する宣言を発しました。そしてギリシア、トルコに及ぼうとしているソ連の政治的影響を「封じ込め」なければならないとしたのです。これを、

トルーマン・ドクトリン（トルーマン宣言）

といいます。

当時、ギリシアでは内戦が勃発していました。イギリスが支援する王党派とソ連が支持する共産党派が激突したのです。しかしイギリスは財政難から手を引かざるを得ませんでした。もしギリシアに共産党政権が樹立すれば、その影響は隣国のトルコに波及することは容易に想像できました。そこでアメリカはイギリスに代わって内戦に介入し、ギリシアの共産化を阻止したのです。

さらに6月、アメリカ国務長官マーシャル（1880～1959年）は、全ヨーロッパ諸国に対する経済復興援助計画を打ち出しました。これをマーシャル・プランといいます。ようは、

経済支援を行なうことでヨーロッパをアメリカの影響下に置き、ソ連の影響力を弱めようとした

わけです。折しも、イタリアとフランスでは共産党を支持する声が高まっていたため、早めにワクチンを接種する必要があったのです。西ヨーロッパ諸国は、これを受

け入れました。

　マーシャル・プランの特徴は、西ヨーロッパ諸国のみならず、ソ連や東ヨーロッパ諸国をも対象としたところにあります。しかし、ソ連はこれを拒否し、東ヨーロッパ諸国にも受け入れないよう強要します。そして９月、マーシャル・プランに対抗してコミンフォルム（ソ連・ヨーロッパ共産党情報局）を結成しました。東ヨーロッパ諸国を自国の衛星国とするためです。ちなみに、この組織にはフランスやイタリアなど西ヨーロッパ諸国の共産党も参加しました。

　そうした中、チェコスロヴァキアでクーデタが引き起こされました。ソ連による工作で共産党による一党独裁政権が誕生したのです。

　ソ連の支配がチェコスロヴァキアに及んだことに対し、西ヨーロッパ諸国は震え上がります。そこで同年３月、イギリス、フランス、ベルギー、オランダ、ルクセンブルクは西ヨーロッパ連合（WEU）という軍事同盟を結成。ソ連の脅威に対する防衛体制を構築しました。

深まる東西陣営の対立

　1948年６月、今度は戦後ドイツの占領政策を巡り、米ソ両国が対立を一層深めていきます。

　第二次世界大戦後、ドイツはアメリカ、ソ連、イギリス、フランスの４国によって分割統治されました。西ドイツがアメリカ、イギリス、フランス、そして東ドイツ

第４章　現代　　281

第二次世界大戦後のドイツ情勢

第二次世界大戦後、ドイツはアメリカ、フランス、イギリス、フランスの4か国の統治下に置かれて東西に分裂。またベルリンも同じく4か国に占領され、東西ベルリンに分裂した。

がソ連です。それに加えて、東ドイツの領域に位置する旧ドイツの首都ベルリンも4国が分割。西ベルリンをアメリカ、イギリス、フランス、東ベルリンをソ連が占領しました。西ドイツと西ベルリンは、ベルリン回廊と呼ばれる鉄道と道路によって結ばれました。

そうした中、アメリカ主導のもと、西ドイツで通貨改革が行なわれました。すでに下落していた旧通貨に代わり、新通貨ドイツマルクの流通をはじめたのです。

これに対して、ソ連は非常に警戒心を強めました。こ

の政策を通じてアメリカの影響が東ドイツに及ぶのではないか、と。そしてソ連は対抗措置として、東西ドイツの境界を軍事的に遮断しました。これにより、ベルリン回廊は封鎖され、西ベルリンの民衆約200万人は孤立することとなりました。これをベルリン封鎖といいます。陸上交通が遮断される中、アメリカは輸送機を使い、西ベルリンに物資を運びました（ベルリン空輸）。東西陣営の緊張が高まる中、1949年4月、アメリカは西ヨーロッパ連合を新たな軍事同盟へ発展させました。

北大西洋条約機構（NATO）

の誕生です。情勢は緊迫するばかりであり、第三次世界大戦も視野に入っていきました。しかしソ連は戦闘を避けたかった。第二次世界大戦の戦火を受けずに1国だけ発展を遂げ、しかも原子爆弾を保有しているアメリカ相手に勝ち目はないですからね。5月、ついにベルリン封鎖を解除しました。じつに11か月振りに、西ベルリンの民衆は解放されることになったのです。しかしこの事件を境として東西ドイツの分裂はもはや避けられないものとなり、9月、西ドイツにドイツ連邦共和国が、10月、東ドイツにドイツ民主共和国が成立しました。

　しかもソ連はアメリカから盗み出した情報をもとに原子爆弾の開発に成功。もはや核兵器はアメリカだけのものではなくなりました。そうした中、1954年に西ドイツがNATOに加盟すると、ソ連は1955年、NATOに対抗

する組織として、ソ連と東ヨーロッパ諸国からなる

ワルシャワ条約機構（WTO）

を成立させました。これによりヨーロッパ世界は東西２
つの軍事ブロックに分断されてしまったのです。

朝鮮戦争の勃発

　東西の対立は、朝鮮半島でも繰り広げられました。

　第二次世界大戦後、朝鮮半島は北緯38度線を境として
米ソ両陣営で分割占領されました。北緯38度線とされた
のはアメリカがソウルを押さえるためです。こうして
1948年８月、南ではアメリカの影響下、李承晩（在任：
1948〜60年）を大統領とする大韓民国、北ではソ連の影
響下、金日成（在任：1948〜72年）を首相とする朝鮮民主
主義人民共和国（北朝鮮）が成立しました。

　その後、北朝鮮は朝鮮半島の統一を図るべく、1950年
６月25日、軍事侵攻を開始。瞬く間に韓国の首都ソウル
を占領し、朝鮮半島を制圧下に置きます。

　アメリカは、北朝鮮のこの動きに焦りを感じます。

　じつはこの前年、中国で内乱が勃発して蔣介石率いる
国民党軍が共産党軍に敗れ、中華人民共和国という共産
党政権が誕生していました。首席は毛沢東（在任：1949〜
59年）です。中国はソ連陣営に与することを決め、1950
年２月には中ソ友好同盟相互援助条約を締結しました。
なお、蔣介石はその後台湾に逃れ、あくまでも中華民国

こそが正統であると主張しました。

　これにより東アジアに巨大な共産党勢力が生まれたわけですが、さらに朝鮮半島全土が共産党の勢力下に収まったらどうなるでしょうか。アジア全域にまで共産党勢力が拡大する恐れがあります。アメリカはとにかくこれを防ぎたかった。そこで国連に諮り、一連の行動を北朝鮮による侵略行動と見なして国連軍を派遣したのです。

> **朝鮮戦争には、共産党勢力の伸張を防ぎたいとするアメリカの思惑があった**

　9月、国連軍は仁川に上陸、ソウルを奪還して北朝鮮軍の補給線を切断すると、北緯38度線の北側へと北朝鮮軍を追いやりました。さらに北上し、10月には中国と北朝鮮との境である鴨緑江にまで迫ります。すると、「抗米援朝」を掲げた約30万もの中国義勇軍が鴨緑江を渡って国連軍に突撃を仕掛けてきました。その勢いはすさまじく、国連軍は一時撤退を余儀なくされました。

　戦線は北緯38度線付近で膠着します。長引く戦いの中、1951年、国連に復帰したソ連代表のマリク（1906〜80年）が停戦を提案。8月から休戦会談がはじまり、1953年7月、休戦協定が締結されました。これを契機とし、米ソ間の関係も少しずつ改善に向かうこととなります。

アジアに台頭した新興勢力

　第二次世界大戦後、アジアやアフリカに形成された列

強の植民地も、ようやく独立への道を歩みはじめました。

　まず東南アジアで独立を宣言したのは、インドネシア共和国でした。1945年8月17日のことです。初代大統領にはスカルノ（在任：1945〜67年）が就任しました。これを認めないオランダの武力介入が起こりましたが、1949年のハーグ円卓会議で主権を委譲することとなり、1950年、改めてインドネシア共和国が発足。その後もフィリピン（1946年）やビルマ（1948年、現・ミャンマー）、ラオス（1953年）、カンボジア（1953年）なども次々と独立を達成しました。

　一方、朝鮮半島同様、分断を余儀なくされてしまったのがベトナムでした。1945年9月2日、ホー・チ・ミン（在任：1945〜69年）を大統領とするベトナム民主共和国が独立を宣言します。しかしフランスはこれを認めず、軍隊を派遣しました。こうして1946年、インドシナ戦争（1946〜54年）が勃発します。フランスの予想に反し、戦争は思いもかけず長期化しました。そうした中、1949年、フランスは阮朝（1802〜1945年）最後の皇帝で、ホー・チ・ミンらの革命によって退位したバオ・ダイ（在任：1949〜55年）を擁立すると、ベトナム南部にベトナム国を成立させました。このとき、アメリカはベトナム国を承認し、中国、ソ連がベトナム民主共和国を承認しています。

　その後、ベトナム民主共和国軍がアメリカの支援を受けたフランス軍を撃ち破り、1954年7月、ジュネーヴ休戦協定を結びましたが、これによってベトナムは北緯17

度線を軍事境界線として南北に分裂することを余儀なくされたのでした。1955年、ベトナム国ではアメリカが後援したゴ・ディン・ディエム（在任：1955〜63年）がバオ・ダイを廃してベトナム共和国を樹立。初代大統領に就任しました。この情勢は朝鮮戦争時とそっくりですね。やがてベトナムでも、共産主義者と自由主義者とがぶつかるベトナム戦争が起こることとなります（→P296）。

　一方、インドでも独立の機運が高まりましたが、ひとつの独立インドを築こうとしたネルー（1889〜1964年）率いる国民会議派と、イスラーム教国家とヒンドゥー教国家との分離独立を臨んだジンナー（1876〜1948年）率いる全インド・ムスリム連盟が対立。結果、1947年、インドとパキスタンに分かれて独立することとなりました。

インドの初代首相はネルー、パキスタンの初代総督はジンナー

　南アジアでは1948年にスリランカも独立を果たしています。西アジアでは1946年にシリアとヨルダンが独立を達成しました。

　その一方で、大きな問題をはらむこととなったのが、パレスチナです。パレスチナは7世紀以来、イスラーム文化圏に組み込まれてきたことから、領域内には多くのアラブ人が暮らしていました。

　ですが、『旧約聖書』に記されている通り、パレスチナは神がユダヤ人に与えた約束の地でもありました。た

だしそこにユダヤ人国家を建設するにはすでに存在していたアラブ人のコミュニティを奪うほかになく、現実味に欠けるものでした。しかし第一次世界大戦中、イギリスが戦争資金を調達するため、ユダヤ人財閥ロスチャイルド商会に「パレスチナにおけるユダヤ人国家の建設」を約束したことで、実現の可能性が高まったのです。

　戦後、イギリスの委任統治領とされたパレスチナには次々とユダヤ人が入植しました。1930年代にはヒトラーの迫害を逃れたユダヤ人も続々とやってきて、土地を購入してはその勢力を拡大させました。アラブ人からしたら土地を奪われたという感じでしょう。こうして、ユダヤ人とアラブ人の対立構造が出来上がりました。

パレスチナ問題は宗教の違いというよりも、独立建国の地を巡っての争い

　第二次世界大戦後には、ユダヤ人の怒りがイギリスへ向けられました。まったく約束が果たされないからですね。激しい反英テロが勃発し、パレスチナは混乱状態に陥りました。この状況を収拾すべく、1947年、国連はパレスチナをユダヤ人国家とアラブ人国家に分割する案を決議します。しかし1948年、アメリカの庇護を受けたユダヤ人がパレスチナにイスラエル国を建国し、一方的に独立を宣言したのです。当然、アラブ諸国はこれに反発し、第一次中東戦争が勃発しました。その後、中東戦争は3度にわたって起こります（1956年、1967年、1973年）。

また近年もイスラエルによるパレスチナ自治区への侵攻が行なわれるなど、いまもって問題は解決していません。

アフリカにおける新興勢力の台頭

さて、東西冷戦が続く中、アジアに誕生した新興勢力が国際社会の表舞台に登場し、世界を動かしていくこととなります。その発端となったのは、インドの首相ネルーが提唱した非同盟外交です。東西陣営の対立を中立的な立場で黙って見守るのではなく、東西陣営の軍事同盟には参加しないとはっきりと宣言したのです。6月には中国の首相・周恩来（在任：1949〜76年）と会談し、平和五原則を発表。領土と主権の尊重、相互不可侵、内政不干渉、平等互恵、平和共存を掲げ、資本主義と社会主義という体制の違いを越えた外交関係を樹立しようとしました。

そして1955年4月、インドネシアのバンドンで第1回アジア・アフリカ諸国会議（バンドン会議）が開催されます。

> **バンドン会議は
> アジアとアフリカ総勢29か国が集まった会議**

この会議において、反植民地主義や平和十原則が採択されました。

このバンドン会議は、それまで列強の支配にあえいでいたアフリカの植民地を勇気づけるものとなりました。1957年には、旧イギリス植民地のガーナが黒人国家とし

第4章　現代　289

て初の独立を果たします。1960年にはカメルーンやナイ
ジェリア、コンゴなど17の独立国家が誕生し、「アフリ
カの年」と謳われました。ただし注意しなければならな
いのは、いまだ旧宗主国は経済的な支配を続けようとし
ていた点です。政治的には独立を認めるものの、石油や
鉱産などの利権までは渡したくはなかったのです。

　これに対抗すべく、1963年、アフリカ諸国はアフリカ
統一機構（OAU）を発足しました。やがて2002年にはア
フリカ連合（AU）へと発展することになります。

> **米ソ陣営のどちらにも属さない第三世界の台頭で
> 東西対立の融和がはじまる**

米ソ関係の緊張緩和

　このような第三世界の動きを見て、米ソ両国の対立に
も徐々に変化が見られるようになります。

　1956年2月には、ソ連共産党第1書記のフルシチョフ
（在任：1953〜64年）がソ連共産党第20回大会でスターリ
ンを批判し、社会主義国と資本主義国との平和共存を外
交方針とする旨を発表しました。そして1959年、フルシ
チョフはソ連首脳として初めて訪米。アメリカ共和党大
統領アイゼンハウアー（在任：1953〜61年）と別荘キャン
プデーヴィッドで会談を行なったのです。このとき、国
際紛争を平和的な手段で解決することが確認されました。

　この方針は次のアメリカ民主党大統領ケネディ（在任：

290

1961〜63年）にも引き継がれ、ケネディ、フルシチョフの頭文字を取ってKK時代（1961〜63年）と呼ばれる平和共存時代が現出されました。

　しかしこの平和は、ともすれば暴発しかねない危険をはらんだものでもありました。1962年にはキューバ危機と呼ばれる事件が起こっています。かつてキューバはスペインの植民地でしたが、1902年に独立を達成しています。しかし代わってアメリカの支配が強まり、独立国でありながらも半植民地といった状態が続いていました。そうした中、1959年、キューバ革命が勃発。親米政権は打倒され、革命政府が誕生しました。アメリカはキューバとの国交を断絶します。これに対し、キューバは1961年、社会主義宣言を発し、ソ連と同盟を結びました。

　事件は1962年10月に起こりました。アメリカの偵察機がキューバを空撮したところ、なんとそこには建設中のソ連のミサイル基地が写り込んでいたのです。ケネディはただちにソ連に対して基地の撤去を要求しました。両国とも核保有国ですから、ともすれば核戦争が勃発しかねない危機に陥ります。緊張が続く中、フルシチョフが譲歩。アメリカがトルコからミサイル基地を撤去し、またキューバへ侵攻しないことを約束するのであれば、キューバからミサイル基地を撤去すると申し出ました。こうして核戦争は回避され、米ソ関係は回復します。またこのとき、アメリカ大統領官邸ホワイトハウスと、ソ連の大統領官邸クレムリンとを直通で結ぶホットライン

協定や、部分的核実験禁止条約が締結されました。

西ヨーロッパではECが成立

　一方、西ヨーロッパ世界でも、この頃に平和の実現を求める協力体制が構築されました。

　まず1952年、フランス外相シューマン（1886〜1963年）の呼びかけで、フランス、西ドイツ、イタリア、ベルギー、オランダ、ルクセンブルクによるヨーロッパ石炭鉄鋼共同体（ECSC）が発足します。その名の通り、石炭や鉄鋼の共同経営を行なおうというものです。シューマンの生まれ故郷であるアルザスは石炭や鉄鋼の産地として知られており、フランスやドイツが領有を巡って幾度となく争いを繰り広げてきた場所でした。戦争を引き起こす根本原因を取り除かない限り、平和は実現しないとシューマンは考えたのでした。

　1957年、6か国はローマ条約を締結し、1958年、ヨーロッパ経済共同体（EEC）とヨーロッパ原子力共同体（EURATOM）を設立しました。ヨーロッパ石炭鉄鋼共同体は石炭と鉄鋼の共同市場を設立するためのものでしたが、それに対してヨーロッパ経済共同体は、加盟国内における労働力や商品などの移動の自由化を推進するものでした。これにより、地域内の経済をひとつにまとめ上げようとしたのです。加盟国間における関税も廃止され、域外からの商品については共通関税が設定されました。

　しかしイギリスはこのヨーロッパ統合の動きには同調

せず、1960年、同じくEEC非加盟だったオーストリア
やスイス、ポルトガル、スウェーデン、ノルウェー、デ
ンマークの7国でヨーロッパ自由貿易連合（EFTA）を
結成しました。加盟国間における関税を撤廃して自由貿
易を推進する点はEECと同じでしたが、域外の商品へ
の共通関税は設定されませんでした。また、EECが経
済に加えて政治や外交などを含めた幅広い共同体を築こ
うとしていたのに対し、EFTAはあくまでも経済や貿易
面を共通化するにとどまりました。

　その後、1967年、ECSC、EEC、EURATOMの3つ
の組織が統合され、

ヨーロッパ共同体（EC）

が設立されました。また、EC市場が目覚ましい発展を
遂げたことに伴い、1973年、イギリスはEFTAを脱退
し、アイルランド、デンマークとともにECに加盟しま
した。ECはその後も拡大を続け、1981年にはギリシアが、
1986年にはスペインとポルトガルが加盟します。やがて、
EC内では統一的な通貨をつくり、またヨーロッパ議会
を設立して政治統合を図ろうとする動きが生まれること
となります。こうして1992年、マーストリヒト条約（ヨー
ロッパ連合条約）が締結され、1993年、

ヨーロッパ連合（EU）

が発足したのでした。

1995年にはEFTAの加盟国だったオーストリア、スウェーデン、フィンランドもEUに加盟しています。そして1999年、待望の統一通貨・ユーロが誕生。2004年にはバルト３国、キプロスなども加盟し、ヨーロッパ合衆国形成の方向性が見えてきたのでした。

東ヨーロッパの動乱

　一方、東ヨーロッパではしばらくの間、動乱が続きました。原因は、1956年にソ連のフルシチョフが出した「スターリン批判」にありました。これにより、東欧諸国に民主化が誘発されることになったのです。

　1956年には、ポーランドのポズナニで反ソ暴動が勃発。反ファシズム運動を展開して一時投獄されていたゴムルカ（1905～1982年）が復権し、ポーランド統一労働者党第一書記に選出されました。

　同じ頃、ハンガリーでは政府が一新され、国民に支持された首相ナジ・イムレ（在任：1953～55，56年）が復帰。彼は複数政党制を導入し、共産党の独裁を廃止するとともに、ワルシャワ条約機構からの脱退を表明しました。

　しかし、ソ連はこれを許しませんでした。他の東欧諸国もハンガリーに続いて離脱してしまう恐れがあったためです。そこで1956年10月、ソ連は軍隊を発し、武力によって強引に鎮圧しました。このとき、ナジもソ連に連行され、２年後に処刑されています（ハンガリー事件）。

　1961年には、東ドイツが西ベルリンを包囲するように

巨大な壁を築きました。これをベルリンの壁といいます（最終的な完成は1975年）。当時は西側へ亡命する東ドイツ市民が続出していたため、物理的にそれを防ごうとしたわけです。しかしその後も壁を乗り越えて亡命を試みる者が絶えず、1989年に解放されるまでの間に3000人以上の市民が逮捕され、また200人近い死傷者が出ました。

　1968年には、チェコスロヴァキアでも指導者ドプチェク（1921〜1992年）のもと社会経済改革が推進され、言論や報道、出版などあらゆる分野において自由化が進展しました。これをプラハの春といいます。社会主義国家という土壌に民主主義という種が蒔かれたわけですね。これは画期的な出来事となり、世界からも大きな注目を集めました。

　しかし、ソ連はまたしても軍事介入を行ないます。時のソ連共産党書記長ブレジネフ（1906〜82年）の言い分はこうです。

「社会主義共同体全体の利益は、1国の主権に優越する」

　これを制限主権論（ブレジネフ・ドクトリン）といいます。チェコの民主化が進めば他の東欧諸国へも波及する恐れがあり、ひいては社会主義共同体の崩壊にもつながりかねませんからね。そうなる前に武力でたたきつぶしてしまおうとしたわけです。

　1968年8月20日、ソ連、東ドイツ、ブルガリア、ハン

第4章　現代　　295

ガリー、ポーランドの5国からなるワルシャワ条約機構軍はチェコに侵攻。ドプチェクを連行し、改革を鎮圧しました。この事件はソ連が東ヨーロッパ諸国の民族的自由と民主主義を認めないということを再認識させることになりましたが、一方で、社会主義共同体の盟主としてのソ連の威信低下につながりました。さすがにやり方が強引すぎますからね。これを機に、アルバニアがワルシャワ条約機構を脱退しました。またルーマニアでもソ連に対する自主独立の傾向を強めていきます。こうして東側陣営の結束に徐々に亀裂が入ることになりました。

ベトナム戦争の勃発

　1960年代には、自由主義陣営のトップに立つアメリカの権威も大きく揺らぐこととなります。その契機となったのは、ベトナム戦争にありました。

　1954年のジュネーヴ休戦協定によって南北に分裂してしまったベトナムでしたが、1960年、南部のベトナム共和国内で反米、反親米政権を掲げた勢力が南ベトナム解放民族戦線を組織し、南北統一に向けた動きが活発化します。これには、北ベトナムの大統領・ホー・チ・ミンも一枚噛んでいました。

　これに対してアメリカは1963年、ズオン・ヴァン・ミン（1916〜2001年）にクーデタを起こさせてゴ・ディン・ディエム大統領を暗殺。軍事政権を樹立させましたが、それでも政情が安定することはありませんでした。解放戦線

の勢力は拡大し続け、もはや南ベトナム軍だけでは抑えることができません。

そうした状況下の1964年、トンキン湾でアメリカの軍艦が北ベトナムの警備艇に攻撃を受けるという事件が勃発します。もっとも、これはアメリカが軍事介入を正当化するために引き起こしたものでした。

1965年、アメリカによる本格的な武力行使がはじまり、北ベトナムは連日のように爆撃に晒されました（北爆）。しかし、北ベトナムや解放戦線の抵抗は頑強で、戦争は長期化の様相を呈します。

アメリカは、1954年に結ばれた反共主義諸国による軍事同盟・東南アジア条約機構（SEATO）加盟国のうち、タイ、フィリピン、オーストラリア、ニュージーランドにも軍隊の派遣を要請します。また、韓国の嘆願により、韓国軍も派遣されました。このとき、アメリカは東アジアへの共産主義の波及を恐れ、東アジアにおける資本主義国家の結束を固めなければならないとも考えました。そこで1965年6月、日韓基本条約を締結させ、日本と韓国との間に国交を樹立させます。これには、在韓米軍や韓国軍のベトナム派遣によって韓国の防備が手薄な状態となっている中、日本に北朝鮮を牽制させようとする思惑がありました。さらに1967年には、タイ、フィリピン、インドネシア、シンガポール、マレーシア5国による東南アジア諸国連合（ASEAN）結成の後押しを行ないます。親米反共の立場を掲げて相互協力を図ろうというもので

第4章 現代　297

すが、当初はどちらかというと反共軍事同盟の傾向が強いものでした。

日本と韓国の国交樹立の背景にはベトナム戦争があった

こうしてベトナム戦争への軍事介入を強めていったアメリカでしたが、国内をはじめ、世界各国で北爆への厳しい批判の声が上がるようになります。そうした中、1969年に共和党のニクソン（在任：1969〜74年）がアメリカ大統領に就任すると、1973年、パリ和平協定を締結し、ベトナムから軍隊を引き揚げました。

その後、アメリカの撤退によって攻勢を強めた解放戦線は、1975年、サイゴン（現・ホーチミン）の大統領官邸を制圧。ここに、ベトナム戦争は終結します。1976年、南北ベトナムは念願の統一を達成し、ベトナム社会主義共和国が成立しました。

第二次冷戦の時代

ここまで見てきたように、1960年代から70年代にかけて、世界は大きな変貌を遂げました。

そうした中、戦後世界を牽引してきたアメリカ、ソ連という二大巨頭の国際的な地位が揺らぎ、経済発展を遂げた西ヨーロッパ諸国、中国、日本、さらにはアジア・アフリカの第三世界の発言力が増していくことになります。こうして世界は、米ソ二極構造から多極化の時代を

迎えることになりました。長年続いていた東西両陣営の対立も、緊張緩和（デタント）が進展していくことになります。

　まずデタントが進んだのは、ヨーロッパ諸国においてでした。主導者は西ドイツの首相ブラント（在任：1969～74年）です。

　ブラントは、東側諸国との友好関係を築くべく、積極的な東方外交を展開しました。まず1970年に西ドイツ・ポーランド条約を締結し、東西ドイツ統合後のポーランドとの国境をオーデル・ナイセ川に定めると、1972年には長年敵対関係にあった東ドイツとの国交樹立に成功します。そして翌年、東西ドイツの国連への同時加盟を実現したのです。

　同じ頃、アメリカでも外交政策の転換が図られ、1972年、アメリカ大統領ニクソンの訪中が実現。これによって米中の関係は徐々に改善され、1979年に国交が正常化されました。ちなみに、このときのアメリカ大統領は民主党のカーター（在任：1977～81年）でした。

　ソ連との間にも1972年5月に第一次戦略兵器制限交渉（SALTI）を締結し、核戦力の均衡化に合意しています。さらに1975年には、東西陣営の枠組みを超えてヨーロッパの安全保障の実現を目指したヨーロッパ安全保障協力会議（CSCE）が設立されました。これにはソ連を含めたヨーロッパ33か国とアメリカ、カナダを加えた計35か国が参加し、ヨーロッパにおける緊張緩和がより進展する

第4章　現代　299

こととなりました。1995年にはヨーロッパ安全保障協力機構（OSCE）に改組され、加盟国も55か国へと増加しています。

ところが1979年、それまでの世界情勢を一変させるかのような事件が各地で起こりました。

まずはイラン革命です。これによって親米だったパフレヴィー朝（1925～79年）が倒れ、3月、イスラーム教シーア派の指導者ホメイニ（1902～89年）のもとイラン・イスラーム共和国が誕生。イランでは反米感情が大いに高まりを見せました。

また7月、中米のニカラグアでは革命で親米政権が打倒され、親ソ政権が樹立されます。アメリカはこれに反発し、米ソ関係が再び緊張することとなりましたが、その関係をさらに悪化させる出来事が12月に起こりました。ソ連のアフガニスタン侵攻です。

中央アジアのイスラーム国家アフガニスタンに誕生した親ソ派の社会主義政権を支援するための軍事介入でしたが、このソ連の行動に対し、アメリカは激しく非難します。こうして米ソ関係は再び冷え込むようになり、第二次冷戦時代（1979～89年）を迎えることになってしまいました。

ちなみにソ連の軍事介入は結局失敗に終わり、1989年に全面撤退しています。その後、アフガニスタンの実権を握ったのは、イスラーム原理主義を唱えたターリバーンでした。

冷戦の終結

こうして東西の関係が冷え込む中、それを改善したのが1985年にソ連共産党の書記長に就任したゴルバチョフ（在任：1985〜91年）でした。

1980年代、ソ連の経済が大きく停滞する中、ゴルバチョフはペレストロイカ（刷新）を掲げ、抜本的な改革を行なっていきました。グラスノスチ（情報公開）や議会の民主化、複数候補者制による選挙の実施、市場経済の導入などです。さらにアメリカとの関係改善を図り、1985年から米ソ首脳会談を再開させました。

時のアメリカ共和党大統領レーガン（在任：1981〜89年）もこれを支持し、米ソ関係は好転します。さらにゴルバチョフはヨーロッパ諸国や中国、日本などを積極的に訪問し、東西陣営の対立構造に幕を下ろそうとしました。そして1989年、時のアメリカ共和党大統領ブッシュ（在任：1989〜93年）とゴルバチョフは、地中海のマルタで会談を行ない、冷戦終結の合意書に調印。戦後の冷戦時代はここに終結を見たのです。

東欧革命の進展

ペレストロイカの影響を受け、東欧諸国でも民主化運動が進展しました。1989年10月には、ハンガリー人民共和国で共産主義が放棄され、ハンガリー共和国へと国名が変更されました。そしてハンガリーは、隣国の中立国・オーストリアとの国境を開放します。これにより、ハン

ガリーを通って亡命しようとする東ドイツ市民が殺到しました。多いときで1日に約1000人に達したといいます。彼らはかつてベルリンの壁を乗り越えて西側を目指しましたが、壁を乗り越えなくてもハンガリーからオーストリア経由で西側へ行くことができるようになったのです。こうして壁はもはや何の意味もなさなくなりました。東ドイツ国内でも民主化を求めるデモが勃発します。そうした状況下の11月9日、ついにベルリンの壁が取り壊されました。1990年には西ドイツが東ドイツを併合する形でドイツ連邦が成立し、40年以上に及んだ東西分裂にようやく終止符が打たれました。

　同年には、エストニア、ラトヴィア、リトアニアのバルト3国もソ連の支配から脱し、独立を達成します。

　いよいよソ連解体の時が迫ってきました。

　1991年6月、ソ連内で最大の領土を誇るロシア連邦共和国で、改革派のエリツィン（在任：1991～99年）が大統領に就任します。8月にはゴルバチョフのペレストロイカに反発するソ連共産党保守派がクーデタを起こしましたが、エリツィンらの抵抗により、失敗に終わりました。そしてゴルバチョフは、共産党の解散を宣言します。

　その後、ロシア、ベラルーシ、ウクライナの3国がソ連からの脱退を宣言し、12月、11共和国からなる独立国家共同体（CIS）を発足。こうしてソ連は解体し、代わってロシアが国連安全保障理事会常任理事国など旧ソ連の対外的地位を受け継ぐこととなりました。

混迷窮まる中東問題

　冷戦の終結により世界に恒久的な平和が訪れるかと思われましたが、現実にはそうはなりませんでした。20世紀から21世紀にかけて、世界各地で紛争が勃発します。

　とくに混乱状態に陥ったのが中東でした。

　1979年、急進的なシーア派によるイラン革命でイラン・イスラーム共和国が成立すると、イスラーム教シーア派の法学者ホメイニはイスラーム原理主義を唱えました。イスラーム法に基づいた政治への回帰を宣言したのです。

　このとき、同じくシーア派が多数を占めていたイラクのサダム・フセイン（1937～2006年）はシーア派拡張運動が自国に波及することを警戒しました。そして1980年、フセインは突如としてイランへの侵攻を開始し、イラン・イラク戦争を引き起こしたのです。結局戦いに決着はつかず、1988年、国連の決議によって停戦となりますが、1990年、イラクは矛先を変え、以前から領有権を主張していたクウェートに侵攻しました。目的は、クウェートが持つ石油資源の略奪にありました。

　これに対して、1991年、国連はアメリカを中心とした多国籍軍を派遣。イラクへの攻撃を開始しました（湾岸戦争）。戦いは多国籍軍がイラクを圧倒し、クウェートの奪回に成功します。しかしこのとき、アメリカ軍が戦略上、イスラーム教の聖地メッカを包含するサウジアラビアに駐留したことが原因となって、のちアメリカ同時多発テロが引き起こされることとなります。

第4章　現代　303

21世紀

多元化する世界と
テロの時代

アメリカ世界では

2001年9月11日、同時多発テロが勃発。アメリカはその報復のため、アフガニスタンのターリバーン政権を打倒。また2003年にはイラク戦争を起こし、フセイン政権を崩壊させる。

軍事制圧

同時多発テロ勃発

・ニューヨーク
・ワシントン

アメリカ

**南米南部共同市場
（MERCOSUR）**

ヨーロッパ世界では

2016年、イギリスは国民投票の結果を受けてEUからの脱退を表明。

時代の概観

- アメリカ同時多発テロが勃発
- テロ行為がアメリカによるアフガニスタン、イラク侵攻を誘引

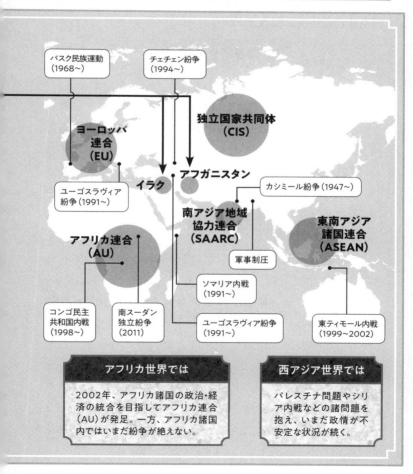

バスク民族運動（1968〜）
チェチェン紛争（1994〜）
ヨーロッパ連合（EU）
独立国家共同体（CIS）
ユーゴスラヴィア紛争（1991〜）
イラク
アフガニスタン
カシミール紛争（1947〜）
南アジア地域協力連合（SAARC）
アフリカ連合（AU）
軍事制圧
東南アジア諸国連合（ASEAN）
コンゴ民主共和国内戦（1998〜）
南スーダン独立紛争（2011）
ソマリア内戦（1991〜）
ユーゴスラヴィア紛争（1991〜）
東ティモール内戦（1999〜2002）

アフリカ世界では

2002年、アフリカ諸国の政治・経済の統合を目指してアフリカ連合（AU）が発足。一方、アフリカ諸国内ではいまだ紛争が絶えない。

西アジア世界では

パレスチナ問題やシリア内戦などの諸問題を抱え、いまだ政情が不安定な状況が続く。

アメリカ同時多発テロ

　21世紀に入っても、20世紀に表面化した国際問題は解決されず、むしろ紛争の火種となってくすぶり続けることになりました。しかし戦争の対立構造は変化します。20世紀は二大世界大戦に代表されるように国家対国家の構図でしたが、21世紀は主に、

国家対テロリスト

といった様相へと変わったのです。

　記憶に新しい2001年9月11日、アメリカ・ニューヨークの世界貿易ビルに旅客機が2機、相次いで激突するという事件が起こりました。110階建てのツインタワーは一瞬にして崩壊し、多くの人が犠牲となりました。しかも、そのやり口はこれまでのものとは異なり、旅客機をハイジャックして乗客もろとも自爆するという残忍なものだったのです。

　テロの主犯は、国際的なテロ組織アル・カイーダ。指導者はウサマ・ビン・ラーディン（1957〜2011年）です。ビン・ラーディンは湾岸戦争時のアメリカの行為に憎悪を抱き、ニューヨークや国防総省などアメリカの政治、経済、軍事の三大拠点を狙うことで恨みを晴らそうとしたのです。10月7日、アメリカ共和党大統領ブッシュ（在任：2001〜2009年）はアル・カイーダを匿うアフガニスタンのターリバーン政権が関与していると判断し、イギリスとともにアフガニスタンへ侵攻。ターリバーン政権を

打倒しました。しかし壊滅させることまではできず、ターリバーン勢力はその後、パキスタンとの国境地帯で勢力を回復し、なおゲリラ活動を展開しています。

また2003年、ターリバーン政権との関わりはないものの、大量破壊兵器や生物化学兵器などを保有しているとしてイラクへの侵攻を開始。フセイン政権を壊滅させました（イラク戦争）。しかし肝心の大量破壊兵器は見つからずにアメリカの威信は失墜します。またフセイン政権の崩壊後、イラク情勢は混迷を極めました。アメリカ民主党大統領オバマ（在任：2009〜17年）の時代の2011年、アメリカ軍はようやくイラクから撤退することになりますが、その後、過激派のイスラーム国（IS）が台頭するなど、いまだ平和とはほど遠い状態にあります。

また、冷戦時代に誕生したアフリカの新興国でも、植民地時代に西欧列強に設定された国境を巡る紛争がいまなお絶えることはありません。一方、西アジアのクルド人や中国のウイグル人、スペインのバスク人などのように、地域の自立を求める運動も盛んに起こっています

イギリスのEU離脱問題

ヨーロッパ世界において、経済・政治・外交などの統合体・ヨーロッパ連合（EU）が発足したのは1993年のことでした。2002年からはユーロの市中流通がはじまり、2007年に締結されたリスボン条約ではEUを主導するヨーロッパ理事会の常任議長（EU大統領）や外交・安

第4章　現代　　307

全保障上級代表職が新設されました。国民国家の枠組み
を超越した、まさにヨーロッパ合衆国というべき状態が
現出されましたが、一方で、ロシアとの対立という新た
な問題を引き起こすことになってしまいます。2014年、
ウクライナでロシア派とEU派による内乱が勃発したの
です。これにロシアは軍事介入しました。結果、クリミ
ア共和国がウクライナから事実上の独立を達成し、ロシ
アに編入されることになりました。いまもって国際的な
承認は得られていませんが、ロシアにとっては待望のク
リミア半島の併合です。2018年には、ロシア本土とクリ
ミア半島を結ぶクリミア橋が完成しています。はたして
このロシアの実効支配は今後いったいどうなるのか、前
途は不明です。

　また、2016年にはイギリスのEU離脱問題が噴出しま
した。主な理由は2つ、EUの経済危機と移民問題です。
EUの最大の特徴は開かれた国境にありますが、ともす
れば経済危機をも共有するという危険性を伴います。と
くに問題となっているのが、ギリシアの債務危機です。
2017年6月の時点での国の借金は3100億ユーロ（約42億
円）。ギリシアの経済はほぼゼロ成長が続いていますか
ら、返済できる目途も立っていません。しかも、その債
務の大部分を負っているのがEUなのです。EU自体の経
済もほぼゼロ成長が続く中、最悪の場合は共倒れになる
可能性もあります。

　また、イギリスに流入する移民の受け入れについても

大きな問題となりました。イギリス人労働者が新たに流入してきた移民に職を奪われるという状況が現出されてしまったのです。2015年にはシリアなどから100万人近くの難民がヨーロッパ各国に流入し、治安も悪化しつつあります。ただ、EUに加盟している以上、自国では移民の流入を管理することはできません。イギリスが主権を取り戻すには、EUから離脱する以外には道はないのです。こうした様々な思惑が絡み、イギリス国民は投票によってEUからの離脱を選択したのでした。

イギリスだけではありません。フランスやオランダ、ドイツ、イタリア、スペインなどの国々でも、反EUを掲げる勢力が拡大しています。様々な問題が積み重なる中で、まずは自国の利益を守ろうとする自国第一主義が唱えられるようになったのです。イギリスの動向次第では、これらの勢力がさらに勢いづく可能性があります。すると間違いなく、EUは崩壊。それに伴って世界経済にも大きな影響が及ぼされることになるでしょう。

現在、世界はひとつの転換期に差し掛かっているといえます。アメリカでもトランプ政権が誕生し、自国第一主義のもと、排外主義的な政策を次々と打ち出しています。今後、世界はどのように変わっていくのか。先行きは依然として不透明です。また紛争問題や環境問題、エネルギー問題など、21世紀に住む我々に与えられた課題は山積みです。そうした中にあって、現在、世界的な歩み寄りが求められているといえるでしょう。

第4章 現代　309

さくいん

あ行

アイユーブ朝
  124,128,132,137
アウグストゥス　65,72
アウグスブルクの宗教和議
  162,165,181
アウステルリッツの戦い　214
アクティウムの海戦　63,65
アケメネス朝
  36,40,48,50,51,53,97
アジア・アフリカ諸国会議
  （バンドン会議）　289
アステカ王国　152,158,159
アター制　121
アタナシウス派　80,90,91
アッカド王朝　26
アッシリア帝国　36,38,39
アッバース朝
  98,104,107,108,109,115,
  116,121,122,132,135,137
アッラー　96
アテネ
  36,40,41,46,48,49,50,56,63
アドリアノープル条約　222
アドリアノープルの戦い　89
アナーニ事件　138,143
アフリカ統一機構（OAU）
  290
アフリカの年　276,290
アフリカ連合（AU）　290,305
アヘン戦争　229,231,232
アーヘンの和約　190,199
アムル人　27
アメリカ・スペイン（米西）
  戦争　246
アメリカ同時多発テロ
  303,305,306
アメリカ独立戦争
  200,205,209,211
アラゴン王国　124,148,150
アリウス派　80,90
アーリア人　22,23,25,43
アルマダの海戦　170,176
アレクサンドリア　51,52,63,65

アレクサンドロス3世（大王）
  46,47,51,52,53,54,56,63
アロー戦争　229,231
安史の乱　105,110,111
アンティゴノス朝マケドニア
  52,53,54
アンボイナ事件　197,198
イヴァン4世（雷帝）　193
イエス　75
イエズス会　163,169
イェルサレム
  42,43,96,128,137,245
イギリス国教会
  162,163,168,169,178,205
イサベル　150,156
イスラエル国　288
イスラーム教　95,96,107,109,
  122,183,300,303
イスラーム国（IS）　307
イスラーム原理主義　300,303
イタリア王国　237
イタリア戦争　162,165,
一条鞭法　185
イラク戦争　304,307
イラン・イスラーム共和国
  300,303
イラン・イラク戦争　303
イラン革命　300,303
イル・ハン国　132,141
殷　25,35,37,45
インカ帝国　152,158,159
イングランド王国
  116,138,148,172
インダス文明　15,22
インドシナ戦争　286
インド帝国　229,232,233,249
インペラトル　61
ヴァイキング　120
ヴァイマル憲法　268
ヴァルダマーナ　44
ヴァルミーの戦い　213
ヴァロワ朝　146,167
ヴァンダル王国
  86,89,90,94,99

ヴィクトリア女王　230
ヴィットーリオ・エマヌエーレ
  2世　236,237
ヴィルヘルム2世　247,258
ウィーン革命　217
ウィーン体制
  217,219,220,221,224,226
ウェストファリア条約
  176,182
ウェストミンスター条約　191
ヴェルサイユ条約　209,262,
  263,264,265,270,271
ヴェルサイユ体制　263
ヴェルダン条約　118
ウマイヤ朝　94,97,98,104,
  106,107,109,112,150,154
海の民　24,31,34,38
ウンキャル・スケレッシ条約
  244,245
衛氏朝鮮　55,69,93
永楽帝　139,140
英蘭戦争　187,198
英露協商　253
エカチェリーナ2世　195,196
エーゲ文明　24,25,32,33
エジプト文明　14,20
エフタル
  86,87,88,92,93,95,99,100
エリザベス1世
  169,175,176,177
燕雲十六州　117,123,131
エンクロージャー　177
エンコミエンダ制　159
袁世凱　264
王権神授説　172,177
王政復古　179,215
オクタウィアヌス　62,65,72
オーストリア継承戦争
  186,190,199
オーストリア・ハンガリー
  帝国　228,241,242,262

オスマン帝国
　138,139,145,146,149,150,
　153,162,165,170,172,173,
　174,184,186,187,194,195,
　215,217,220,222,229,244,
　245,246,254,255,257
オットー1世　119
オットー朝（ザクセン朝）119
オラニエ公ウィレム
　（ウィリアム3世）175,179
オランダ独立戦争　170,175
オリヴァー・クロムウェル　179

か行

ガウタマ・シッダールタ　44
カエサル　61,62,64
価格革命　153,160,176
カスティリャ王国
　124,148,150
カースト制　44
カッシート王国
　24,25,28,30,31
カデシュの戦い　30
カトリック　165,166,167,168,
　169,175,181,182,213,236
カトリーヌ・ド・メディシス　166
カノッサの屈辱　127,143
カペー朝　119,143,146
河姆渡文化　21
加耶（加羅）諸国　93
ガリバルディ　237
カルヴァン
　162,165,166,168,175,178
カール・マルテル　106,112,113
カール1世（大帝）
　104,105,114,115,118
カルボナリ党　222,235
カロリング朝
　104,112,113,114,115,119
灌漑農法　17,18
キエフ公国　116,120,135
季節風（モンスーン）貿易　74
北大西洋条約機構（NATO）
　276,283
羈縻政策　103
キプチャク・ハン国
　132,141,193
球戯場の誓い　211

九十五ヶ条の論題　164
キューバ危機　291
キュロス2世　39,43
教皇のバビロン捕囚
　138,144
仰韶文化　21
匈奴　47,55,67,68,69,82,88
キリスト教　70,71,75,76,77,
　78,79,80,90,112,114,115,
　119,125,127,128,136,150,
　154,159,163,164,166,169,
　232,245
義和団事件　251
金　125,131,134,135
クシャーナ朝　71,74,76,77,84
百済　87,93,101,103
グプタ朝　77,84,87,93,95
クリオーリョ　223
クリミア戦争　195,246,254
クレオパトラ　62,63,64,65
クレシーの戦い　147,148
クレタ文明　28,33
クローヴィス　90,91,92
軍人皇帝時代　76,78
ゲルマン民族
　78,86,87,88,89,90,115
元　133,136,139,140,141
玄宗　110
憲法制定国民議会　211
権利の章典　179
権利の請願　178
元老院　56,57,61,65,72
ゴイセン　166,175
後ウマイヤ朝
　98,104,107,114,115,116
航海法　198
黄河文明　15
黄巾の乱　81
高句麗
　68,83,87,93,101,102,103
黄巣の乱　111
高麗　133,135
後漢　70,71,73,74,75,
　77,78,81,82,83
国際連合　278
国際連盟　263,264,269,
　271,272,273,274,278
五賢帝　70,71,72,73,78

五国同盟　217,220,221,223
五胡十六国時代
　83,87,91,95,100
五・四運動　265,266
呉楚七国の乱　66
古代エジプト王国　24,29,31
コミンフォルム　281
コモン・センス　208
コーラン　97
ゴルバチョフ　301,302
コロンブス　152,156,157,205
コンキスタドレス　159
コンスタンツ公会議　145
コンスタンティヌス帝　79,80
コンスタンティノープル
　80,89,98,106,129,134,
　149,150
コンスル　57

さ行

西域都護　73
冊封体制　103,141
ササン朝　76,78,84,86,93,
　94,97,99,100,184
サータヴァーハナ朝
　55,70,71,74
サトラップ制　40
サファヴィー朝
　170,171,183,184
サヘラントロプス・
　チャデンシス　10
サマルカンド　141
サラディン　128,137
サラミスの海戦　49
サルゴン1世　26
サルデーニャ王国
　235,236,237
三・一独立運動　265
産業革命
　177,200,201,202,203,205,
　223,227,233,239,242
三国協商　228,253
三国同盟　228,253,257
3C政策　228,229,248
三十年戦争　170,180,182,188
サン・ステファノ条約　254,255
サン・バルテルミの虐殺　167
3B政策　228,229,248

シーア派　98,122,137,184,300,303
ジェームズ2世　179
シスマ（教会大分裂）144,146
ジズヤ　107,108,109,184
七年戦争　186,191,192,199
ジハード（聖戦）　97,106
ジャイナ教　37,43,44
ジャックリーの乱　142
ジャルモ遺跡　16
ジャンヌ・ダルク　147
周　37,45
宗教改革　162,163,164,
　165,166,168,169,172
十字軍　124,127,128,129,
　130,134,137,143
柔然　87,92
十四カ条の平和原則　262
朱元璋　140
朱全忠　111,123
首長法　168
出エジプト　32
ジュネーヴ休戦協定　286,296
シュメール人　19,20,26
蔣介石　267,272,278,284
蒸気機関　205
蒸気機関車　205
商業革命　160
小ドイツ主義　238,239
ジョン・ウィクリフ　145
新羅　83,87,93,95,101,103,105
シルクロード　54,56,69,70,73,
　74,108,137
秦　45,47,53,55,65,66,67
晋（西晋）77,82,83,87,91,100
清　101,171,185,187,194,201,
　229,230,231,232,246,248,
　251
神権政治　19,20
神聖同盟　220
神聖ローマ帝国　116,117,
　119,129,132,138,148,162,
　165,170,172,181,182,189,
　191,214,219
新バビロニア
　36,39,40,42,43,144
隋　95,100,101,102
スエズ運河　243

スターリン　274,275,290
ステュアート家　177
スパルタ　50,51
スペイン王国
　138,150,153,172,214,219
スペイン継承戦争　188,189
スペイン立憲革命
　217,221,222,223
スルタン　116,122
スンナ派　98,122
制限主権論　295
靖康の変　131
聖職叙任権闘争　124,127
正統カリフ時代　97,98
正統主義　218
青年イタリア　235,237
西遼　125,134
世界恐慌　260,269,270
絶対王政
　149,170,172,173,174,176,
　177,178,179,180,181,190,
　201,210,212,213,224
節度使　110,111,123
セポイの反乱　232
セルジューク朝　116,117,
　122,124,125,128,129,134
セルビア王国　255,256
セレウコス朝シリア　52,53,54
澶淵の盟　123
前漢帝国　55,68,71,93
1848年革命
　217,226,227,236,238
鮮卑　82,83,87,91,92
宋（北宋）
　117,123,125,130,131,140
ソヴィエト社会主義共和国
　連邦（ソ連）257,258
総裁政府　213
則天武后　110
ゾロアスター教　76
孫文　266,267

た行

第1次エジプト・トルコ戦争
　244
第1次ロシア革命　252

第一次世界大戦　196,228,
　229,242,253,257,258,262,
　263,265,267,268,278,288
第一次戦略兵器制限交渉
　（SALTI）　299
第一次中東戦争　288
第1回三頭政治　61
大韓民国　277,284
大月氏　55,68,69
大航海時代
　152,153,154,160,172,184
大西洋憲章　273
大西洋三角貿易　203
大セルビア主義　256
大ドイツ主義　238
第2回三頭政治　62
第2次エジプト・トルコ戦争
　245
第2次囲い込み　202
第二次世界大戦
　260,261,272,273,274,275,
　276,277,278,279,281,282,
　283,284,285,288
第二次冷戦時代　300
太平天国の乱　232
多地域連続進化説　12
タラス河畔の戦い　98,105
ターリバーン
　300,304,306,307
ダレイオス1世　40,48
単一起源説　13
チャガタイ・ハン国　133,141
チャーチル　273,274,279
チャーティスト運動　217,225
チャールズ1世　177,178,179
チャールズ2世　179
中華人民共和国　277,284
中華民国　261,264,274,
　278,284
中ソ友好同盟相互援助条約
　284
趙匡胤　123
張騫　69
長江文明　15
朝鮮戦争　277,284,285,287
朝鮮民主主義人民共和国
　277,284
チンギス・ハン　134,135,141

陳勝・呉広の乱	66	
ディオクレティアヌス		
	78,79,80	
ディクタトル	61	
ディズレーリ	243	
ティムール朝	138,141	
鄭和	139,141	
テオドシウス	80	
テューダー朝	149	
テルミドール9日のクーデタ		
	213	
デロス同盟	50	
ドイツ関税同盟	238	
ドイツ民主共和国	277,283	
ドイツ連邦共和国	277,283	
唐	95,102,103,105,108,109,	
	110,111,123,131	
統一法	169	
トゥグリル・ベク	122	
党錮の禁	81	
陶磁の道	131	
東晋	83,87,91,92	
東南アジア条約機構		
（SEATO）	297	
東南アジア諸国連合		
（ASEAN）	297,305	
統領政府	214	
トゥール・ポワティエ間の戦い		
	98,106,112	
独ソ不可侵条約	271,273	
独立国家共同体（CIS）		
	302,305	
ドーズ案	268	
突厥	92,95,102	
トトメス3世	30	
ドーリア人	24,33,34	
トルーマン・ドクトリン	280	
奴隷王朝	133	
奴隷解放宣言	234,235	
トロイア文明	34	
ドラヴィダ人	23	

な行

ナヴァル公アンリ	166,167	
ナチス	261,270	
ナポレオン3世		
	236,237,240,241	
ナポレオン・ボナパルト	213	

南下政策	187,195,244,	
	245,246,251,255,256	
南京条約	231	
南宋	131,136	
ナントの勅令	167	
南北戦争	228,234,235,246	
南北朝時代	92,100,101	
二月革命（フランス）		
	217,225,226,227,236	
二月革命（ロシア）	257	
ニケーア公会議	79,90	
ニケーア帝国	129	
西ドイツ・ポーランド条約	299	
西ヨーロッパ連合（WEU）		
	281,283	
西ローマ帝国		
	76,81,86,87,88,89,90,104,	
	112,113,114,115,181	
日英同盟	229,251	
日独伊三国同盟	273	
日露戦争	229,252,253,275	
日韓基本条約	297	
日中戦争	261,272	
ネーデルラント連邦共和国		
	175	
ネルー	287,289	
ネルチンスク条約	187,194	
農業革命	124,126,202,203	
ノヴゴロド国	116,120	
ノーフォーク農法	202	
ノモス	14,20	
ノルマンディー公国	116,120	

は行

パクス・ロマーナ	72	
八王の乱	82	
パナマ運河	247	
バビロン第一王朝		
	24,25,26,27,28	
バビロン捕囚	42	
ハプスブルク家	173,180,181,	
	182,187,189,190,191	
パフレヴィー朝	300	
白蓮教徒（紅巾）の乱	137	
ハラージュ	107,108,109	
バラ戦争	138,148,149	
パリ条約（1783年）	209	
パリ条約（1856年）	246	

パルティア王国		
	54,61,68,70,74,76,78,84	
バルトロメウ・ディアス	154	
パレスチナ問題	288,305	
ハンガリー共和国	301	
ハンガリー事件	294	
パン・ゲルマン主義	256	
パン・スラヴ主義	254	
班超	73,74	
ハンムラビ王	27	
ハンムラビ法典	27	
東インド会社（イギリス）		
	177,207,232	
東インド会社（オランダ）		
	176,196	
東インド会社（フランス）	181	
東ローマ（ビザンツ）帝国		
	76,81,86,88,89,94,95,97,98,	
	99,100,104,106,113,114,	
	115,124,127,128,129,132,	
	138,139,149,150,173,255	
ヒクソス	30	
ヒジュラ（聖遷）	96,98	
ビスマルク	239,240,241,247	
ヒッタイト		
	24,25,27,28,30,31,33	
ヒトラー		
	261,267,270,271,273,288	
ピピン3世	104,112,113,114	
百年戦争		
	138,146,147,148,149,150	
ピューリタン	166,178,205,208	
ピューリタン革命		
	170,177,178	
肥沃な三日月地帯	16,17	
ピョートル1世（大帝）	194	
ピルグリム・ファーザーズ	206	
ファシズム	271,274	
ファショダ事件	249,250	
ファーティマ朝		
	116,122,124,128,137	
ファラオ	20,29,31,32	
フェニキア人	31,32	
フェリペ2世	174,175,176	
フェルディナント1世	174,181	
フェルディナント2世	182	
フェルナンド7世	219,221	
武周革命	110	

313

仏教 37,43,44,76,140
武帝 55,67,68,69,73,93
プトレマイオス朝エジプト 52,53,54,55,62,63,65
フビライ・ハン 136,140
部分的核実験禁止条約 292
ブラッシーの戦い 192,199
プラハの春 295
フランクフルト国民議会 238
フランク王国 87,89,90,91, 94,98,104,106,112,113,114, 115,116,118,119
フランシスコ・ザビエル 163,169
フランス革命 196,201,208, 210,211,215,218,220,226
フランス人権宣言 211
フランス第二帝政 241
フランス領インドシナ連邦 249
フランツ1世 191,196
フランツ・ヨーゼフ1世 241,242
フリードリヒ2世 190,191,192,196
プリンケプス 65,72
プレヴェザの海戦 174
プレスビテリアン 166,178
フレンチ・インディアン戦争 186,192,199
ブルシェンシャフト（ドイツ学生同盟）運動 220,221
プロイセン 186,187,188,189,190,191, 192,196,197,209,212,213, 215,217,218,219,220,237, 238,239,240,241,245
プロイセン・オーストリア （普墺）戦争 237,240
プロイセン・フランス（普仏）戦争 237,241
プロテスタント 163,164,168,175,181,182
フロンティア 246
ブワイフ朝 116,121,122
フン族 88,89
平民会 56,57
ペスト 51,138,139,142,149

ベトナム社会主義共和国 298
ベトナム戦争 277,287,296,298
ヘブライ（イスラエル）王国 32,42
ヘブライ人 31,32,42,43,144
ペルシア戦争 46,48,49,50
ベルリンの壁 282,295,302
ベルリン会議 249,255
ペレストロイカ 301,302
ヘレニズム文化 46,52,63,74
ヘンリ8世 168
封建反動 142
ポエニ戦争 54,58,63
北魏 91,92,101
ボストン茶会事件 207
ポツダム宣言 275
北方戦争 187,194
ポーツマス講和条約 252
ポトシ銀山 160,161
ボナパルティズム 236
ホモ・サピエンス 9,10,12
ポーランド分割 187,196,197,271
ボリシェヴィキ 257
ポリス 36,41,50,51,52
ホルテンシウス法 57
ポルトガル王国 124,138,150, 153,172,214,219
ポワティエの戦い 147,148

ま行

マウリヤ朝 47,53,55
マーシャル・プラン 280,281
マゼラン 157
マチュ・ピチュ 158
マッツィーニ 235
マニ教 76,140
マヌ法典 84
マハーバーラタ 84
マムルーク 121,137
マムルーク朝 132,137,153,155
マヤ文明 158
マラッカ王国 153,155
マラトンの戦い 48

マリア・テレジア 190,191
マリ・アントワネット 191
マルクス・アウレリウス・アントニヌス 72,74
マルコ・ポーロ 136
マワーリー 107,109
ミケーネ文明 33,34
ミタンニ王国 24,25,28,30,38
南アフリカ戦争 250,251
身分闘争 56,57
ミラノ勅令 79
明 139,140,141,153,163,171, 184,185
民族自決主義 262,264
ムアーウィヤ 97,98
ムガル帝国 171,183,184, 187,198,199,201,229,233
ムハンマド 94,96,97,98
名誉革命 171,179,180
メソポタミア文明 14,19
メディア 36,39,40
メルセン条約 118
メロヴィング朝 90,112,113
モエンジョ・ダーロ 22,23
モスクワ大公国 138,192,193
モルッカ諸島 153,155,197
門戸開放宣言 246
モンゴル帝国 132,133,134, 135,136,140,141,142,192
モンロー宣言 224

や行

ヤルタ会談 274,275
ヤン・フス 145
ユグノー 166,167
ユグノー戦争 162,163,166,167,180
ユスティニアヌス1世 94,99,100
ユダ王国 42
ユダヤ教 37,42,43,75
ユトレヒト条約 189
ユトレヒト同盟 175
ユンカー 190,239
楊貴妃 109,110
ヨークタウンの戦い 209
煬帝 101,102

314

ヨーロッパ安全保障		李自成	185	ロカルノ会議	269
協力会議（CSCE）	299	李氏朝鮮	171,185	盧溝橋事件	272
ヨーロッパ安全保障		リシュリュー	180,181	ロシア帝国	187,262,275
協力機構（OSCE）	300	リディア	36,39,40	ローズヴェルト	273,274,275
ヨーロッパ共同体（EC）	293	竜山文化	21	露土戦争	254,255
ヨーロッパ経済共同体		劉邦（高祖）	66	露仏同盟	252
（EEC）	292	リューリック	120	ロベス・ピエール	212
ヨーロッパ原子力共同体		遼	117,123,125,131	ローマ帝国	
（EURATOM）	292	両シチリア王国	221,235,237		54,55,56,63,65,70,72,73,75,
ヨーロッパ自由貿易連合		良渚文化	22		76,77,78,79,80,84
（EFTA）	293	両税法	111	ロマノフ朝	193,194
ヨーロッパ石炭鉄鋼共同体		リンカン	234,235	ロンドン会議（1830）	222
（ECSC）	292	ルイ13世	180	ロンドン会議（1840）	245
ヨーロッパ連合（EU）		ルイ14世	173,181,189,210		
	293,305,307	ルイ16世			

				わ行	
ら行			191,210,211,213,215	ワシントン会議	265
ラティフンディア	59,78	ルイ18世	215,219,224	ワシントン体制	265,266
ラテン帝国	129,134	ルター	162,163,164,165,	ワット・タイラーの乱	143
ラ・ファイエット	211		168,181,188	ワルシャワ条約機構（WTO）	
ラーマーヤナ	84	冷戦	275,276,278,		277,284,294,296
ラメス2世	31		301,303,307	ワルシャワ独立革命	225
李淵	102	レヴァント貿易	130	ワールシュタットの戦い	
リキニウス・セクスティウス法		レオ10世	164		132,135
	57	レコンキスタ		湾岸戦争	303,306
リグ・ヴェーダ	43		124,138,150,154,156		
		レパントの海戦	170,174		

主な参考文献

『歴史が面白くなる東大のディープな世界史』『歴史が面白くなる東大のディープな世界史2』『カラー版忘れてしまった高校の世界史を復習する本』祝田秀全（中経出版）／『エリア別だから流れがつながる世界史』祝田秀全監修（朝日新聞出版）／『東大生が身につけている教養としての世界史』祝田秀全、『人類の進化大図鑑』アリス・タバーズ編著、馬場悠男日本版監修、『図説メソポタミア文明』前川和也編著（以上、河出書房新社）／『NHKスペシャル人類誕生』NHKスペシャル「人類誕生」制作班編、馬場悠男監修（学研パブリッシング）／『概説中国史　上』冨谷至、森田憲司編（昭和堂）／『北京大学版中国の文明1　古代文明の誕生と展開　上』稲畑耕一郎日本語監修・監訳（潮出版社）／『アメリカの歴史を知るための63章』富田虎男、鵜月裕典ほか編著（明石書店）／『古代エジプト文明』大城道則（講談社）／『進化論の最前線』池田清彦（集英社）／『ヒトの進化七〇〇万年史』河合信和（筑摩書房）／『教養としての世界史の読み方』本村凌二（PHP研究所）／『青木世界史B講義の実況中継①』『青木世界史B講義の実況中継②』『青木世界史B講義の実況中継③』『青木世界史B講義の実況中継④』青木裕司（語学春秋社）／『知識ゼロからの聖書入門』大島力監修（幻冬舎）／『図説「新約聖書」がよくわかる!パウロの言葉』船本弘毅監修（青春出版社）／『ニュースがわかる高校世界史』池上彰、増田ユリヤ（ポプラ社）／『ニュースの"なぜ?"は世界史に学べ』茂木誠（SBクリエイティブ）／『世界史用語集』全国歴史教育研究協議会編、『流れ図世界史図録ヒストリア』谷澤伸、甚目孝三ほか、『詳説世界史図録』、『詳説世界史研究』木村靖二、岸本美緒、小松久男編（以上、山川出版社）／『先生も知らない世界史』玉木俊明（日本経済新聞出版社）

サンエイ新書好評既刊

密教の聖地
高野山
その地に眠る偉人たち

上永哲矢　野田伊豆守

歴史上に名を残した多くの偉人との関係を紐解きながら高野山の知られざる一面を紹介。空海によって開基された平安時代から、戦乱の世を経た江戸時代までをたどる。高野山とゆかりの深い人物伝も多数収録!

1

三国志
その終わりと始まり

上永哲矢

後漢王朝の衰退から、激動の群雄割拠を経て、魏呉蜀の三国時代へ。そして晋の天下統一。今なお語り継がれる英雄譚を、陳寿が著した正史『三国志』を基に解説。三国志の舞台の地を訪れたルポルタージュも必読。

2

『古事記』を旅する
神話彷徨
編纂1300年 日本最古の歴史書

時空旅人編集部 編

天武天皇の勅命により編纂された『古事記』。ヤマトコトバで編まれたその神話性を読み解く。出雲神話と日向神話、そしてヤマト神話とゆかりのある地を訪れたルポルタージュでは、今に生きる神話の世界を覗く。

3

[カラー版] 古地図で読み解く
城下町の秘密

男の隠れ家編集部 編

古地図を使って全国32カ所の城下町の成り立ちを学べる一冊。地形や町割、町名などの情報から当時の様子を徹底分析。東日本は上田、弘前、仙台、会津若松など、西日本は金沢、大阪、津和野、萩などを紹介。

4

おカネは「使い方」が9割
《生きガネ》を操る実戦心理術

向谷匡史

学歴も偏差値も、カネの前では無意味。ヤクザ、ホスト、政治家、フィクサーなど、1万円を10万円、100万円の価値に高め、その《生きガネ》を使うことで自分を売り込むプロたちの「実戦マネー心理術」。

5

今こそ知りたい
アイヌ
北の大地に生きる人々の歴史と文化

時空旅人編集部 編

北海道を中心に独自の文化を築いてきた先住民族アイヌ。自然や動植物、道具など、あらゆるものをカムイ＝神とする深淵な世界を紹介。さらに歴史も通じて日本の多様性を問う一冊。博物館＆資料館ガイド付き。

6

成立から倒幕まで
長州藩
志士たちの生き様
男の隠れ家編集部 編

長州藩はなぜ明治維新で大きな影響力を持ち得たのか。藩の成り立ちから倒幕までの流れを追いながら、全体像を浮かび上がらせる。また新政府発足から始まった藩閥政治の光と影、幕末人物伝なども収載。

7

語り継ぎたい戦争の真実
太平洋戦争のすべて
日米開戦への道のり
野田伊豆守

日本が太平洋戦争へと踏み切った理由とは? 真珠湾攻撃に至るまでの日米交渉、開戦後約半年で東南アジア全域を占領した快進撃、ミッドウェー海戦以降の敗戦への道のりなど3年8カ月に及ぶ戦いの全貌に迫る。

8

先人の足跡と名峰の歴史
日本山岳史
男の隠れ家編集部 編

明治初期、日本人の山登りは山岳信仰に基づく「登拝」から純粋な「登山」へと変化した。山の先駆者たちの足跡を追いながら日本アルプスの開山史をたどる一冊。北アルプスの山小屋の歴史と山行記も収録。

9

戦況図解
戊辰戦争
木村幸比古

265年続いた江戸幕府と薩長を中心とする新政府との戦い。鳥羽・伏見から最終戦の函館まで、518日間にわたって繰り広げられた戦いの全貌を、豊富な戦況図で経過を掴みながら理解する戦況図解シリーズ第1弾。

10

ルイス・フロイスが見た
異聞・織田信長
時空旅人編集部 編

宣教師ルイス・フロイスが綴った歴史書『日本史』をもとに、後世の想像ではない生々しいまでの人間・信長の実像に迫った一冊。本能寺の変ルポや、磯田道史氏が語る『日本史』インタビュー収載。

11

「許す」という心をつくる
ひとつだけの習慣
植西 聰

日頃から「許せない」という感情にとらわれることは数多い。しかし、その気持ちを引きずることは、自分の幸せを奪うことに繋がる。「許す」習慣を通してネガティブな感情から解放され、大きな幸福感を得られるコツが満載。

12

サンエイ新書好評既刊

潜伏 キリシタンの真実
時空旅人編集部編

キリスト教の歩みと日本における潜伏キリシタンの謎に迫る。遠藤周作の小説『沈黙』の舞台となった長崎県外海地方や、世界文化遺産の教会などを巡りながら、通史では語られない生の声も収録。

13

戦況図解 西南戦争
原口泉

西郷隆盛はなぜ決起し、いかに散ったのか―？日本最後の内戦の知られざる実像を完全網羅。豊富な戦況図で経過を掴みながら理解するビジュアル解説が大好評の戦況図解シリーズ第2弾。

14

実録!ムショで図太く 生きる奴らの悲喜こもごも サラリーマン、刑務所に行く!
影野臣直

一般人にはなかなか知ることがない"塀の中の暮らし"とは？ 服役経験を持つ異色作家により繰り広げられる悲喜こもごもの日々を臨場感たっぷりに描く。まさに平成版塀の中の懲りない面々!?

15

新選組
その始まりと終わり
時空旅人編集部編

動乱の時勢、幕府に忠義を尽くした「新選組」。日野から上洛した近藤勇、土方歳三の足跡を時系列でたどる。永倉新八や斎藤一など明治に生きた隊士たちの紹介も収録。京都や日野などゆかりの地のルポルタージュも掲載。

16

中国人富裕層のトリセツ
彼らの「心」と「サイフ」を開かせる極意
夏川浩

ケタ違いの資産を持つ中国人富裕層たちが牽引する「爆買い」はこれから始まる!! わずか7年で150億円ものインバウンド消費を呼び込んだ凄腕コーディネーターが教える「中国人富裕層」という宝の山を掘り当てるための方法とは？

17

美しい歯と口
オーラルフレイル予防の秘訣
佐藤裕二

美しい歯と口の条件とは、歯並びや歯の白さではない。本当に大切なのは、食事や発音、表情などの機能が整った"美"なのである。中高年から注意したいオーラルフレイル（口の虚弱）についてズバリ解説。

18

親が認知症になる前に読む お金の本

速水陶冶

あなたの親や家族が築き上げてきた財産が狙われている！ 意外なことに金融機関や身近にいる知人・親族による悪質行為が平然と行われている現実が。こういうワルイ奴らから大切な人を守るための対策方法を収録。

19

あなたは「孤独」にどう向き合うのか?

向谷匡史

私たちにとって「孤独」とはいったい何なのか？ 僧籍を持つ著者による仏教の視点から光を当て、その"正体"を白日のもとにさらすことで、孤独の悩み、人間関係の苦悩から解き放たれる為の方法論を収録。

20

祝田秀全　Iwata Shuzen

東京出身。歴史学・映像文化論専攻。大学受験予備校FORUM-7 OKS世界史講師。著書に『歴史が面白くなる東大のディープな世界史1・2』（KADOKAWA）、『東大生が身につけている教養としての世界史』（河出書房新社）、『銀の世界史』（筑摩書房）、『2時間でおさらいできる世界史』（大和書房）ほか多数。古典落語鑑賞と戦後日本社会のヴォーグ研究を趣味とするライカ小僧。

デザイン・DTP・図版　　伊藤知広（美創）

編集担当　　遠藤和宏

実況中継!
大人の読みなおし世界史講義

2019年5月18日　初版 第1刷発行

監修者 ──── 祝田秀全

発行人 ──── 星野邦久

発行元 ──── 株式会社三栄
　　　　　　　〒160-8461 東京都新宿区新宿6-27-30
　　　　　　　新宿イーストサイドスクエア 7F
　　　　　　　TEL:03-6897-4611（販売部）
　　　　　　　TEL:048-988-6011（受注センター）

装幀者 ──── 丸山雄一郎（SPICE DESIGN）

制　作 ──── オフィス・エス

印刷製本所 ── 図書印刷株式会社

落丁本・乱丁本は購入書店名を明記のうえ、小社販売部あてにお送りください。
送料は小社負担にてお取り替えいたします。
Printed in Japan ISBN 978-4-7796-3923-4